STEAM 核心概念与创造性探究

儿童早期工程技术教育中的创造性探究

CREATIVE INVESTIGATIONS IN EARLY ENGINEERING AND TECHNOLOGY

全人教育 丛书主编

【美】安吉拉·埃克霍夫（Angela Eckhoff）著

陈柯汀 译

江蘇鳳凰教育出版社
Phoenix Education Publishing, Ltd

目 录

概述

亚当斯老师的班里气氛非常活跃，因为孩子们正热切地期待通过绘画和剪贴来对他们在这一周收集到的物品进行改造。亚当斯老师和他的学生们正在开展一项有关回收和重新利用的长期项目，使用废弃的物品来创作三维立体雕塑是这个项目的一部分。孩子们已经花了一段时间研究那些用天然材料和人造材料来创作集合艺术（assemblage art）的艺术家。集合艺术是指艺术家将收集或再造的不同元素（通常是日常生活用品）组合在一起的一种艺术。作为一个基于设计的学习项目（design-based learning project），集合艺术项目需要一个反复改进的过程。在这个项目中，孩子们积极地参与到每个步骤中，包括：通过了解回收和重复利用的必要性来研究环境；了解人们（包括集合艺术家在内）是如何重新利用废弃物品的；决定哪些物品可以在艺术创作中被重新利用；收集和分享他们发现和捡到的物品；思考和绘制他们的艺术品设计图；通过改造和组装物品来创建他们的艺术品；完成艺术品的组装后对原来的设计进行修改。

当孩子们开始用他们收集和改造后的物品，将他们想象中的艺术品从二维图纸转换成三维作品时，这标志着项目已经正式开始了。这个基于设计的项目鼓励儿童尝试自己的想法，并在遇到意外挑战时根据需要对其进行微调或修改。作为第一步，芬恩决定使用金属门铰链来创建一个“机器人家族”。

在他的设计图上，机器人的躯干是由门铰链构成的，而每个机器人的颜色各不相同，因此他决定在组装机器人之前先给铰链上色。芬恩小心翼翼地选择与他的机器人设计图相匹配的颜色。正当他在涂色时，亚当斯老师走过来并询问他涂色的过程进行得如何。芬恩表示，颜料不能很快变干使他感到沮丧，因为这样他今天就无法把这些铰链黏合在一起了。亚当斯老师提醒芬恩，他们并不对完成这个集合艺术品的速度做要求，他可以花足够的时间来涂色和组装他的机器人。“可以花一个星期？”芬恩问。亚当斯老师回答道：“你可以花一个星期的时间做这个，甚至可以延续到下个星期。还记得我们在平板电脑上看过的艺术品吗？那些艺术家花了几个月甚至几年的时间来设计和制作那些雕塑。你还要注意，你的机器人不应一直平躺着，它需要站起来，这样你才能从各个角度看到它。”芬恩停止了上色，他拿起一个门铰链，将其翻转过来，说：“那我要把背面也涂上色。这是机器人衬衫的背面。”“对啦！”亚当斯老师说，“现在你已经明白了，再仔细想一想吧！”

芬恩将门铰链改造成了彩色的机器人身体

正如亚当斯老师告诉芬恩的那样，基于设计的学习通常也是基于项目的（project-based），它鼓励儿童在一段较长的时间内专注于一个项目。基于项目的学习需要花费一些时间，因为儿童需要有足够的时间来深入思考某个主题、问题或他们感兴趣的领域。在早期教育的教室里，我们往往忽略了为儿童提供进行深层次思考的机会，但是当我们将基于设计的思路和项目学习纳入日常活动中时，这一现状将得到改变。在基于设计的活动中，儿童将参与探索、寻找解决方案和解决问题的循环过程，因此这种活动方式非常适用于工程和技术领域的学习。

本书旨在为教师提供相关的学科知识和活动案例，以此来发展和支持儿童在工程和技术方面的经验，同时也能培养他们的探究技能和创造性思维。早期教育工作者能在本书中找到当下培养创造力和基于设计的教学实践的信息，然后参考这些信息带领学龄前儿童开展工程和技术方面的学习活动。本书将拓展我们对工程与技术内容之间的关系、学习环境所扮演的角色以及早期教育中支持性教学实践的理解。许多教师不确定工程和技术经验是否适合学龄前儿童，以及何时且如何向儿童介绍这些主题。当工程和技术经验是建立在儿童的兴趣之上，并与其他领域的学习内容（如读写、科学、艺术、数学和社会学）联系在一起时，儿童就能在各个学科领域之间建立起有意义的联系。

本书强调了鼓励儿童动脑学习的重要性，即每个孩子都以有意义的方式积极参与到具有引导性的和自主性的探究活动中。纵观全书，早期教育工作者在儿童早期工程与技术活动中扮演着重要角色，并在每个活动的计划、实施和评估中充当着引导者和促进者的角色。对于年幼的儿童来说，技术活动包括使用工具、明确问题并采取行动、使用具有创造力和创新性的方法、解决问题，工程活动包括探索问题、使用各种材料、设计和制造有用的东西。

本书将从以下几个方面帮助教师支持儿童发展有创造性的工程和技术经验：

- 理解工程活动、基于设计的学习和基于项目的学习之间的联系。
- 规划合作性的工程和技术活动，使活动无论是以个人还是以小组或集体的形式开展，都能吸引班上所有的儿童积极参与。

- 开展课堂实践以支持儿童在日常活动中参与工程和技术的探索。
- 了解儿童对工程和技术相关概念的理解程度，并以他们目前的理解为基础来支持他们知识的增长。
- 用真实的活动案例和作品来记录儿童的发展。

游戏化学习

游戏是儿童早期学习中的一个重要元素。通过游戏，儿童可以了解自己、了解生活的环境、了解周围的人以及世界。游戏化学习鼓励儿童在他们感觉舒适的环境里通过充满未知的冒险去探索和试验。儿童游戏有许多不同的形式和功能，当儿童通过游戏进行探索、试验和合作时，也是他们了解世界的运作方式的过程。儿童需要支持他们游戏的教师，需要可以敏锐地识别最佳介入和指导时机的教师。

儿童通过在游戏中使用自己现有的知识和理解来进一步实践和厘清自己的理解。这个过程是由儿童主导的，成人的角色是支持者、引导者和促进者。成人应该通过能够激发儿童提问和探索的有目的的教学实践，来顺应每个孩子所处的认知阶段。教师可以创设一个尊重儿童学习和探索方式的教室环境，确保儿童有足够的机会进行游戏化学习和探索。作为支持者、引导者和促进者，教师应仔细观察儿童的游戏，并通过提问以及提供额外的支持性材料来帮助儿童思考。

基于设计的学习

你可能听说过这些术语：基于问题的学习、发现学习、基于项目的学习和基于设计的学习。这些都来自于建构主义学习模型的课程和课堂活动方案。在建构主义学习模型中，学生们总是积极地参与到探索的过程中。在早期教育机构中，基于设计的理念可以直接与基于项目的学习联系起来。在基于设计的活动中，儿童在学习的过程中以一种“即时”（just-in-time）的方法学习他们需要学习的内容并迈入下一阶段。从本质上讲，基于设计的活动是真实的和可实操的；具有清晰明确的、可采用多种解决方案来实现的结果；提倡以儿童为中心的、合作性的、注重思考的活动；采用常见且易于使用的材料；允许多次反复设计来改进作品；与科学、技术、工程和数学的概念或STEM有明确的联系。设计挑战会涉及解决问题的任务，这些任务可能非常复杂，是开放式的，并且没有唯一正确的解决方案。对于年幼的学习者来说，教师在设计学习和基于项目的活动中扮演着至关重要的角色，因为在整个探索问题和寻找解决方案的过程中，儿童需要教师给予支持和鼓励。作为支持者，教师可以为儿童提供所需的材料，提供探索的时间和空间，并通过细心观察和开放式提问来支持儿童的思考。

在教室中构建具有创造性的工程和技术经验

早期教育工作者在儿童创造性思维技能的开发中起着至关重要的作用，因为他们既可能创造具有支持性的教室环境，也可能创设出扼杀儿童创造性的教室环境。为了在活动中融入创造性的学习经验，教师必须设计既具有批判性思考和反思的机会，又关注儿童兴趣的课程。此外，教师必须认识到创造性学习过程是鼓励社会性互动，并促进个人提出自己的观点的学习过程。创造性学习过程应基于儿童的兴趣，鼓励儿童进行表达并与同伴或成人进行互动，要求儿童记录并交流他们的想法和体验。当儿童有机会亲身投入有挑战性的、反思性的学习历程时，他们的批判性和创造性思维能力将得到发展。

本书所分享的活动案例和活动片段蕴含了各种能帮助儿童理解形状、结构、位置、动作和变化的学习机会，并且能促进儿童探究和创造性思维能力的发展。每个活动案例都包含了探究和创造性思维的关键要素——开放式的任务以及进行社会性互动、反思和不断完善观点的机会。开放式的任务为年幼的学习者提供了尝试新想法及进行探究的机会，因为开放式任务能促使儿童对想法进行实验，鼓励儿童专注于学习的过程，而不是寻求唯一正确的答案。而这将有助于支持儿童接受不确定性和乐于尝试错误，使他们对自己解决问题的能力充满信心。同样，为儿童提供小组合作和社会性互动的机会也是发展创造性思维的重要组成部分。两两合作或小组合作将有助于促进头脑风暴以及儿童之间相互学习。这样的任务还能促进儿童去反思和不断完善自己的想法。这些技能是重要的认知工具，可以让儿童从自己的经历中学习并检视自己的学习过程。在活动中引入这些有助于创造性思维发展的要素，将有助于为所有儿童创造一个丰富且引人入胜的学习环境。

早期工程与技术教育中的推荐做法和内容范畴

本书所介绍的课程内容均基于全美幼教协会（NAEYC，2012）、美国国际教育技术协会学生标准（ISTE，2016）和美国《下一代科学教育标准》（*Next Generation Science Standards*，NEXTGen）中的推荐做法。尽管这些组织提出的许多标准并非直接指向学前儿童，但我们可以参考这些准则来确定我们可以为儿童提供的学习经验，帮助他们在对学科知识的理解方面与批判性和创造性思考的实践方面都打下扎实的基础。书中介绍的所有活动都旨在鼓励教师探索和实施各种开放性的工程和技术活动，除了学科知识之外，这些活动还能够培养儿童的思维、探索、质疑和记录的能力。我们将一起探索活动的类型和教学的方法，来帮助儿童学习更多的东西，而不仅仅是那些概念上的事实。我们将在与学生互动的过程中一起寻找教育契机，以使教师可以自然而然地通过对话和提问来支持、拓展和鼓励学生的思考。

本书中的每个活动都需要教师仔细思考与儿童的互动以及教室的环境，因为儿童、教师和教室环境之间的相互作用对学习过程有重要的影响。"可能性思维"（possibility thinking）是儿童与教师之间的一种动态互动。这个概念鼓励教师去考虑如何让提问、游戏、支持性环境、想象、创新和冒险在思考和学习过程中发生。

提问——教师认可和鼓励儿童提出问题，并提出能够激发儿童探究的问题。

游戏——教师给儿童提供延伸游戏时间的机会。

专注——儿童能专注地沉浸在没有批评和嘲笑的良性环境中。

创新——教师密切关注儿童思维中的创新，并能及时地促进和鼓励他们。

想象—— 儿童有充足的机会将想象和学习相结合。

自我决定和冒险—— 儿童和教师都愿意深度参与活动并进行冒险。[1]

促进创造性的基于设计的技术和工程学习

教室环境的构成要素	教师的支持性策略
物质环境	• 使用可移动的家具创造灵活的空间，不仅可以为探索、展示和收纳提供空间，还能够灵活调整以适应小组和集体活动的需要。
教师角色	• 为儿童提供通过绘画、书写和口头表述的方式来记录想法的机会。 • 鼓励儿童在集体或小组中分享自己的想法。 • 为儿童提供支持他们探究的材料。 • 密切关注儿童的思考和探索，以便鹰架他们的经验。
同伴关系	• 为儿童提供分享经验的机会，鼓励并支持儿童使用基于设计的创造性思维方式。 • 为儿童提供提出问题、设计实验、两两合作或小组合作以及进行尝试的机会。
技术与工程经验的结构	• 为儿童提供机会，让他们能将技术和工程与其他学科内容联系起来，在一段较长的时间内专注于问题和项目，并多次回顾先前的经验和课程，以促进儿童掌握经验和提升信心。
家长与社区的参与	• 将技术和工程活动与社区以及儿童的日常生活联系起来。 • 通过定期记录儿童的活动，让家庭参与整个学习过程。

1 Craft, Anna, Linda McConnon, and Alice Matthews. 2012. "Child-Initiated Play and Professional Creativity: Enabling Four-Year-Olds' Possibility Thinking." *Thinking Skills and Creativity* 7(1): 48-61.

创设有吸引力的工程与技术学习区

除了在教室中规划和实施有针对性的工程和技术活动外，创设一个能够让儿童进一步自主探索的学习区角是很重要的。学习区角是供儿童独立探索或小组合作的好地方。这些区角可以是长期的也可以是不固定的，具体情况可取决于一段时间中儿童的兴趣和需求。许多幼儿的教室中都设有数学、科学、读写、角色游戏和艺术等区角，工程和技术区角却较少被考虑到。不过，教师可以创设独立的工程和技术区角，也可以将它们整合到教室中已有的区角中。教师可以通过评估儿童的行为和互动来确定哪种类型的区角最适合他们当下的需求。例如，如果孩子们对教师介绍的一个新的手机应用程序或电脑程序表现出了浓厚的兴趣，教师就可以利用他们的兴趣创建一个区角，供几个孩子一起操作这个数字媒体。或者，教师也可以将平板电脑投放到读写区，以吸引那些本来不愿意加入的儿童到这个区角来。

积木区的游戏或户外建构游戏也可以自然而然地拓展儿童的工程思维。此外，数码相机和录音机适用于教室的每个学习空间，因为它们能够因地制宜地发挥独特的作用。例如，在户外游戏空间中提供数码相机可以促使儿童思考和研究地球科学和生命科学，而把数码相机投放在艺术或者角色游戏区，它们就可以被用来记录儿童的创作过程。

在教室中设计工程和技术区角时，请考虑以下几个要素：

操作空间——根据教室的大小和空间设置，工程和技术区可以是固定的，也可以是临时布置的，比如你在区角投放平板电脑或数码相机的话，每天活动结束后你可能都会将这些设备收起来，第二天再布置好。如果你想鼓励两两合作或小组合作，那么一定要确保儿童有足够的空间来操作材料和使用媒体，否则儿童可能会因为空间不够而感到沮丧。你还需要确保有足够的桌面空间来放置所需的技术设备，以及足够的地面空间来放置用于建构的材料。

墙面布置——当儿童参与基于设计和基于项目的活动时，分享有关他们学习和探索过程的记录是非常重要的。这些记录能够提醒他们活动的出发点是什么，并激励他们继续探究。教室的墙面非常适合展示儿童在工程与技术活动中产生的照片、绘画和范例。而这些展示可以支持和拓展儿童的探索，有利于家庭了解并参与儿童的探索活动。

书籍和相关资料——将与工程和技术相关的儿童读物放置在便于儿童取阅的地方。另外，每个儿童都应该有一个专门用于记录 STEM 活动的记录本，你可以将他们的记录本放在教室中，以便他们轻松获取有关自己探索活动的信息。

精心设计的工程和技术学习区能够让儿童根据自己的步调和兴趣水平来拓展并不断探索相关概念。在游戏中反复探讨想法和概念是非常重要的知识积累过程。因此，我们需要为年幼的儿童提供机会去探索想法、提出问题并在游戏情境中进行试验。

在工程和技术学习区，儿童可以获得这样的机会：

- 根据自己的兴趣进行探索和学习。
- 参与意义的发现和建构。
- 拓展课程活动。
- 深入探索课程中的概念与其他相关概念。
- 将工程和技术与日常经验联系起来。

本书的结构

本书是以早期工程和技术探索所涉及的几大块面为基础架构的，分别是力和运动，声音、光和影，建构场景与建筑物，技术中的知识与创新，以及技术中的交流与合作。

每章的开头都有一段有关工程和技术内容的背景信息，之后会呈现一个真实的教学案例，其中包含了相关的学科内容信息和教学信息。各章中还提供了适合学龄前儿童的工程和技术活动方案，这些活动方案都建立在对探究式、创造性思维和基于设计的思维的教学实践之上。每章最后还推荐了一些与本章内容相关的儿童读物。

第1章

工程设计：力和运动

儿童每天都在奔跑、跳跃、滑滑梯、爬行和蹦蹦跳跳的过程中体验着运动。这些大肌肉运动是儿童理解物体是如何以及为何以不同的方式运动的基础。当一个儿童帮同伴推秋千或拉开一扇门时，他正在施加一个力来引发运动。力有两种类型："接触力"(contact forces，需要接触才能起作用)和"超距作用力"(at-a-distance forces，即非接触力，不需要接触就能起作用)。基于设计的活动将有助于年幼的儿童建立对力和运动的基本理解。

工程概念方面的经验为基于项目的学习提供了创造性的机会，因为工程活动主要是通过动手设计和建构，利用二维和三维的物体促进问题的解决。另外，基于设计的工程活动可以整合其他学科领域的内容，如数学、科学和读写，从而吸引儿童投入于应用相关概念、技能和策略来探索工程概念的学习活动。

理解运动和力

对于那些整天都在进行粗大和精细动作游戏的儿童来说，运动是他们天生就感兴趣的。同时，运动也是儿童需要探索的一个重要概念，因为它影响着我们每个人的日常生活。准确地说，“运动”是一个物体空间位置的变化。但是，物体不会自行改变其位置，需要力才能实现。自然界存在各种各样的力，它们可以帮助我们了解运动是如何实现的。

超距作用力

自然界中存在三种超距作用力——重力、磁力和电力。这些力不需要物体之间直接接触即可造成运动。

重力：重力是将两个有质量的物体彼此拉近的力，它以同样的方式作用在所有物体上，除非某种阻力阻碍了它。重力可以牵引彼此相距很远的物体（例如月球的重力会影响地球上海洋的潮汐），也能在较小的距离内起作用，但这时物体之间仍保持了一定的距离，例如当一个儿童从秋千上跳下的时候，地球的重力会将他拉向地面。

磁力：磁力可以使两块磁铁的异极吸引在一起，也可以使它们的同极相互推开。一块磁铁的磁场能够使其他具有磁场的物体（如一个回形针）产生磁力（吸引力），只要回形针接触到磁铁，它便暂时具有了磁性，可以用来吸引更多的回形针，但如果将它与磁铁分离，它又将失去磁力。

电力：电力是两个带电物体之间的吸引力或排斥力。与磁力相似，当两个物体带有相反的电荷时，电力是吸引力；而当两个物体带有相同的电荷时，电力是排斥力。例如，在冬天，当孩子们从外面进屋并脱下针织帽时，很容易观察到静电现象——他们的头发将受到帽子的吸引而竖起来。

接触力

当物体之间直接接触时，有六种可能作用于物体的力。

法向力：法向力是指一个稳定的物体施加在与它相接触的另一个稳定物体上的支持力。例如，书架在书本上施加向上的力以支撑书本的重量。

张力：张力是指拉紧绳索或钢丝两端时，绳索和钢丝内部所传递的力。例如，张力沿着钢丝分布，并均等地作用于连着钢丝两端的物体。

作用力：作用力是指人或物体施加到另一个物体上的力，如通过推或者拉使一个物体移动。

摩擦力：摩擦力是指阻碍两个相互接触的物体相对运动（或相对运动趋势）的力。例如，如果一个球在地板上滚动，则地板会在与球滚动相反的方向上施加摩擦力，从而导致球越滚越慢并最终停止。

弹力：弹力是指一个弹簧在被压缩或拉伸时对接触它的物体所施加的力。弹簧的安装方式决定了它是通过拉还是推来产生力。例如，弹簧笔中的弹簧使按动（推）按钮时笔尖可以伸缩。

空气阻力：空气阻力是一种摩擦力，作用于在空气中运动的物体上，例如在秋风中飘飞的树叶。

运动

速度和惯性这两个概念对于理解物体的物理运动很重要。一个物体的“速度”是指物体在某个空间沿特定方向移动的快慢程度。当物体改变运动方向，如向左或向右转时，速度也会发生变化，因为它不再沿其原来的方向移动。惯性是物体的一种基本属性，它与物体自身的质量有关，物体的质量越大，惯性就越大，也就越难推动或拉动；而质量越小，改变它的运动速度所需的力也越小。因此，可以说“惯性”体现了改变物体运动速度的难易程度。

当儿童一起游戏或活动时，无论是自由游戏还是按计划开展活动，关于力和运动的工程体验都时刻在发生。吸引儿童来体验力和运动所需的许多材料都可以在早期教育教室中找到。在设计有关力和运动的活动时，你可以参考美国《下一代科学教育标准》中的相关指导。尽管这些标准是为指导 K-12 阶段（对应于我国的学前班到高中）的学习经验而编写的，但是在培养儿童的基础知识和创造性思维技能时，这些标准所依据的学科核心概念可以为早期工程教育提供有用的指导。

工程中的核心概念

力和运动

- 推和拉可以有不同的力度和方向。
- 推动或拉动一个物体能够改变其运动的速度或方向，也能够使其开始或停止运动。

相互作用

- 当物体之间相互接触或碰撞时，它们会相互作用并改变运动状态。

能量与力之间的关系

- 更大力地推动或拉动物体能够使物体加速或减速得更快。

定义与界定工程问题

- 人们想要改变或创造的某个问题情境，可以被看作是一个能通过工程活动来解决的具体问题。
- 提出问题、进行观察和收集信息都有助于思考问题。
- 在开始设计解决方案之前一定要清楚地理解问题。

开发可能性方案

● 可以通过草图、图纸或物理模型传达设计方案，这些呈现方式有助于和他人交流自己关于问题解决方案的想法。

优化设计方案

● 对于一个问题，通常存在不止一种可能的解决方案，所以比较和测试设计方案会很有帮助。

来源：美国《下一代科学教育标准》（*Next Generation Science Standards: For States, By States.*）

有助于理解的活动案例：吸管滑翔机和运动

卢卡斯和马克斯在教室的工程区角忙碌着，他们在设计并制作纸飞机和滑翔机。梅根老师已经在区角里放置了一些不同飞机的设计图以及各种材料。她请孩子们在开始制作飞机之前，先用纸和铅笔画出飞机的草图。纸飞机和吸管滑翔机的示例设计图都悬挂在工程区的墙上。卢卡斯自己画的吸管滑翔机的草图放在他面前的桌子上，而马克斯正在仔细地画他的纸飞机设计图。卢卡斯剪出两条等长的长纸条，用它们来制作滑翔机两端所需的纸环。在马克斯的帮助下，他用胶带将纸条的两端粘在一起做成纸环，然后将纸环粘在吸管的两端，并宣布他的滑翔机做好了。梅根老师和卢卡斯一起来到走廊测试这架滑翔机，

卢卡斯胳膊向后拉，然后向前推出滑翔机。滑翔机在空中飞了几秒，然后落到了地上，卢卡斯失望地喊道："不，不！再多飞会儿！"当卢卡斯去捡起他的滑翔机时，梅根老师问他是否可以让她看一眼他的滑翔机，梅根老师看着滑翔机说道："嗯……你做了两个大纸环。你有没有仔细看区角里的设计图呢？"在回到区角前，卢卡斯坚持认为他的设计与示例设计图确实是一致的。而当他们一起回到区角后，卢卡斯和马克斯一起检查了图纸。马克斯注意到吸管滑翔机的图纸上有一个小环和一个大环，这与卢卡斯的设计不同。卢卡斯问为什么环的大小会影响滑翔机的飞行，梅根老师引导他们去思考其他纸飞机的设计，问道："你们发现你们折的这些飞机的前部和后部有什么规律吗？"马克斯回应说，普通纸飞机的前部比后部小。卢卡斯说他也注意到了这一点，并表示他要制作一个前后纸环大小不同的新滑翔机，来验证如果前部的纸环较小、后部的纸环较大是否会为他的滑翔机提供更大的动力。梅根老师鼓励卢卡斯仔细思考一下，更大的纸环是如何帮助他的滑翔机在空中保持平衡的，就像马克斯折的纸飞机的机翼一样。在去帮助另一个孩子之前，梅根老师鼓励卢卡斯和马克斯将他们的设计和试验在记录本中做好记录，以便比较飞行的结果。

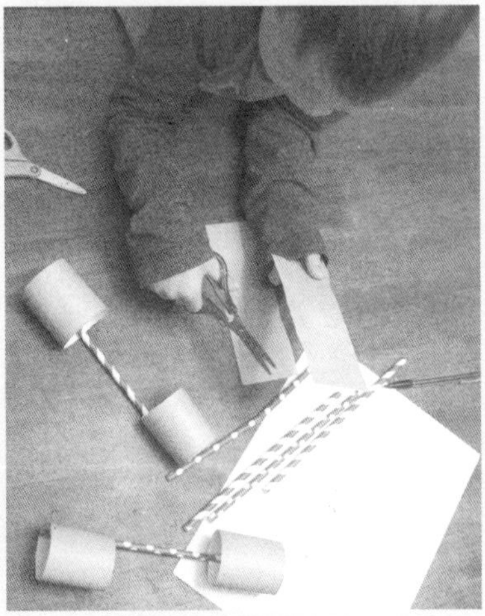

卢卡斯在制作他的吸管滑翔机

反思

当卢卡斯的滑翔机没能飞得像他希望的那样久的时候，马克斯和梅根老师帮助他查找原因，这样的分析加深了卢卡斯对空气动力学和设计的理解，有助于孩子们理解精确地遵循设计图的重要性。

将力和运动融入活动的小贴士

探索力和运动的活动可能要用到许多不同的材料，并且可以用教室里的材料制成简单的机械，如杠杆、轮轴、滑轮、斜面、楔子和螺旋。在教室中创建一个 STEM 区角，或者一个专门的工程设计区角，是一种很好的教学策略，可以鼓励儿童在独立探究活动中进行建构和探索。在规划工程设计区角时，教师必须要考虑到足够的空间，因为儿童需要较大的空间来进行规划和建构。另外，这个空间还要能容纳各种尺寸的积木、纸质的或塑料的管子、小型玩具车、球、建构材料（如拼插积木、拆装玩具和乐高积木）、各种尺寸的盒子、齿轮和轮子、吸管和手工棒、胶带、橡皮筋、素描纸和笔等。

用于引发探索运动的提问

- 你认为它将移动得快还是慢？你为什么这么认为？
- 轻轻地推球和用力地推球，球会移动相同的距离吗？
- 怎么才能知道哪个（斜坡）能使球滚动得最远呢？

- 这个汽车会沿直线行驶还是曲线行驶？你为什么这么认为？
- 怎么做才能改变球的滚动方向呢？

活动方案

我的运动方式

创造性技能

- 探索
- 视觉化

活动主题

运动是可以被观察、描述和测量的。

活动目标

儿童将会了解物体不同的运动方式——直线运动，曲线运动，“之”字线运动，向上或向下，前进或后退，快速或慢速。

活动材料

三种不同颜色的美纹纸胶带。

活动概况

这个游戏最好以两两合作或小组合作的形式开展，这样儿童就不用花太多时间在等待上，并且有更多机会沿着运动路线行走。

活动过程

1. 用纸胶带在地上贴出三条各约 1.5 米长的线，分别为直线、曲线和“之”字线。
2. 邀请儿童轮流走每条线，每条线上每次只能有一名儿童。
3. 鼓励儿童为自己的动作命名。如果这是他们第一次玩这个游戏，可以协助他们进行命名。

4. 教师也可以建议他们做一些有挑战性的动作：你可以在“之”字线上来回走吗？你可以在曲线上快速移动吗？

活动记录

对反映儿童命名或识别各种运动方式水平的行为进行轶事记录。

活动延伸

可以邀请儿童跟随音乐在线上移动。进行这项延伸活动时最好将路线延长一些，这样儿童会有更多的空间来发挥他们的动作。

制作倾斜迷宫

创造性技能

- 探索
- 视觉化
- 寻找解决方案
- 有策略的规划
- 合作
- 记录

活动主题

运动和速度。

活动目标

儿童将建造一个小迷宫，通过倾斜迷宫来使里面的小球移动并穿过迷宫。

活动材料

开放性材料（螺栓、螺母、螺钉、雪糕棒、树枝、毛根、不同长度的吸管），素描纸（或 STEM 记录本）和铅笔，胶带或胶水，小塑料托盘或纸托盘，小橡胶球。

活动概况

儿童将两两合作，以便两人使用一份材料。教师需确保材料充足，并使儿童获得与他人合作的机会。

活动过程

1. 首先询问儿童是否看过三维弹球或弹珠迷宫游戏。如果有的话，请他们说一说自己的相关经验。如果没有的话，向他们展示一些范例，然后讨论游戏的目标和所涉及的动作。

2. 如果儿童以前从未玩过这种游戏，那么提供一个制作好的范例让他们玩一玩将有助于他们规划自己的设计。

3. 鼓励儿童先画出设计图，再将自己选择的材料粘贴到托盘上。

4. 在儿童选择开放性材料时，请他们思考如何将该物体用于他们的迷宫。

5. 请儿童思考：球在碰到弯曲的毛根或直的雪糕棒时会怎么样？它会直线滚动还是曲线滚动？他们需要将托盘倾斜到什么程度才能使球动起来？如果将托盘稍微倾斜一下，球会快速移动还是缓慢移动？

6. 在设计和建构的过程中，不时地查看一下儿童的操作情况。一旦他们完成了自己的迷宫，就鼓励他们邀请其他孩子来玩一玩他们的迷宫。

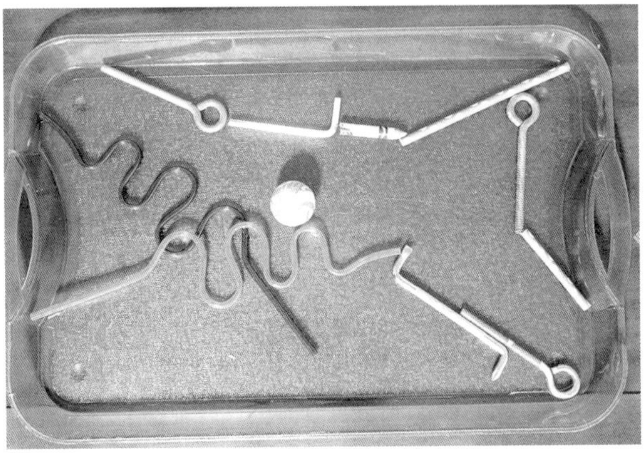

活动记录

对反映儿童做计划、解决问题和合作能力的行为进行轶事记录。儿童建造的迷宫也可以作为一种记录。

活动延伸

请儿童在户外用绳索、锥形筒和其他设备建造一个大型迷宫，然后让他们踢着球从中穿过。

自制弹射器

活动主题

运动和力。

创造性技能

- 探索
- 视觉化
- 寻找解决方案
- 有策略的规划
- 合作
- 记录

活动目标

儿童将使用回收材料组装一个弹射器，用来弹射小物体以改变它们的运动状态或方向。

活动材料

雪糕棒，木制调漆棒，橡皮筋，汽水瓶盖，胶水或热熔胶（热熔胶仅限成人使用），绒球、棉球等用于发射的小物体，小篮子。

活动概况

本次活动最好以集体活动的形式进行，因为组装弹射器需要成人的协助。

活动过程

1. 为了确保游戏的安全性，最好在地上放置一个"靶子"（如一个小篮子），让儿童瞄准靶子发射。请务必向孩子们强调要轮流游戏，并且每次发射都只能瞄准靶子。

2. 询问孩子们是否听过"弹射器"这个词或者看到过弹射器，向他们解释弹射器能帮忙移动物体。

3. 用雪糕棒制作一个小型弹射器，或用木制调漆棒制作一个大型弹射器。

4. 请一名儿童数出五根木棒，然后将它们叠在一起。两端分别用一根橡皮筋扎紧，将木棒紧紧捆在一起。

5. 接下来，取两根木棒叠在一起，其中一端用橡皮筋扎紧。然后将捆好的五根木棒从这两根木棒开口的一端推进去。

6. 用橡皮筋将推进去的一叠木棒跟搭在上面的那根木棒捆在一起。

7. 将汽水瓶盖粘到上面那根木棒的顶部，这个瓶盖将用来装要被弹射出去的小物品。

8. 等胶水干了以后，请儿童两两合作试用弹射器。

9. 请一名儿童按住弹射器的底部，另一名儿童向瓶盖里放入物品并向下压瓶盖以进行发射。

10. 和儿童讨论压弹射器的力度和物体弹出的距离之间的关系。鼓励儿童预测自己发射的物体能弹出多远。询问他们："积木会比棉球弹得更远吗？你为什么这么认为？"并请他们试一试。

活动记录

记录制作和发射过程中体现儿童合作能力以及对力和运动的理解的事件。

活动延伸

将弹射器投放到 STEM 区角中，请儿童在他们的 STEM 记录本中记录他们的弹射实验。为他们提供标准的或非标准的测量工具，以便记录物品弹射的距离。

球和坡道

活动主题

运动和速度可以被观察、描述和测量。

> **创造性技能**
> - 探索
> - 视觉化
> - 记录
> - 问题解决
> - 有策略的规划

活动目标

儿童将了解小球不同的运动方式——沿直线、沿曲线、沿“之”字线以及快速和慢速。

活动材料

木板或塑料板，不同宽度的木质积木，各种小球（如橡胶球、高尔夫球、乒乓球、网球、弹珠），标准测量工具如卷尺或码尺，非标准测量工具如线或绳，STEM 记录本和铅笔，美纹纸胶带。

活动概况

本活动可以以个人、两两合作或者集体活动的形式完成。需要准备一个较大的空间供儿童搭建和使用坡道。

活动过程

1. 请儿童在木板一端的下方放置积木，来搭建一个简单的斜坡。

2. 请儿童讨论哪个球会滚得最远。通常，年龄较小的儿童会根据自己的喜好做出假设。例如，一个儿童可能会猜测高尔夫球滚得最远，因为它是黄色的，而黄色是他最喜欢的颜色。

3. 当儿童提出这样的猜想时，正是进行实验的绝佳机会——测试白色高尔夫球和黄色高尔夫球，看看球的颜色是否会影响其滚动的距离。所以，教师应根据儿童的看法和猜想设计实验并进行验证，而不是简单地告知他们球的颜色与球从斜坡上滚下的距离无关。

4. 请儿童将球放在坡道顶端然后松手将其释放，一次一个。当球停下来时，用纸胶带标记出它停下的位置，或者请儿童测量球滚动的距离。

5. 请儿童将实验结果记录在他们的 STEM 记录本中。

6. 一定要请儿童花一些时间在所记录的数字旁边画下相应的球的形象，以便他们可以轻松回忆所记录的距离对应的是哪种球。

7. 用不同的球进行实验，并通过增加或减少支撑的积木块数来改变木板的倾斜度。

活动记录

对反映儿童命名或识别各种运动水平的行为，对体现他们测量距离水平的行为进行轶事记录。儿童的 STEM 记录本也可以用作支持性记录。

活动延伸

将不同质地的材料（如砂纸、气泡膜、蜡纸和铝箔）覆盖在坡道上。或者在多种不同的表面上滚动小球，如地毯、木地板或油毡。

保护鸡蛋

活动主题

重力、空气阻力和设计挑战。

活动目标

儿童将设计和制造一个保护性容器来保护生鸡蛋，使其从高处掉落时不会摔破，并测试该容器的效果。儿童会对测试结果进行简单的预测并记录。

活动材料

各种回收材料（纸箱、管子、报纸、布料），黏合材料（胶水、胶带），细绳，橡皮筋，生鸡蛋，数码相机（用于拍摄照片或视频），素描纸和铅笔。

创造性技能

- 探索
- 视觉化
- 创新
- 寻找解决方案
- 有策略的规划
- 合作
- 记录

活动概况

本活动最好以小组合作的形式开展，以便至少有两个实验对照组。

活动过程

1. 用儿童生活中的例子和他们谈论物品掉落时会发生什么，如从台阶上跳下来、物品从桌子上掉下来、将球扔向空中等。

2. 这是介绍“重力”这个词并谈论其意义的绝佳机会，地球的重力（引力）会将物体拉向地球的中心。

3. 接着向儿童介绍这个有趣的实验。教师可以先展示一个鸡蛋，然后问他们是否不小心摔过鸡蛋，鸡蛋摔了会怎么样?

4. 让儿童了解实验的目的——他们将一起做一个保护性的容器来保护鸡蛋，使鸡蛋从高处落下时不会摔碎。教师可以上网搜索其他人制作的鸡蛋防摔装置的图片，并展示给儿童，帮助他们了解应该如何设计。

5. 教师可以参与儿童的活动，在他们思考自己的设计时，帮助他们探索可用材料的特性。鼓励儿童画出他们的设计草图，因为在制造之前，整个小组需要就最终设计达成一致。设计和制造的过程将持续几天，因此，教师可以提醒儿童在项目的每个阶段都别着急。

6. 当完成最终的设计并就此达成一致后，请儿童使用回收材料来制造他们的防摔保护套。

7. 在测试的当天，请儿童向全班同学展示他们的设计，并比较彼此设计之间的差异。

8. 测试时，将一个生鸡蛋放入做好的防摔装置中，然后从同一个高度（如楼梯井的顶部或操场攀爬架的顶部）丢下。

9. 检查鸡蛋是否完好。如有需要，鼓励儿童修改他们的设计，并再次进行测试。

活动记录

儿童的设计草图以及测试时的视频或照片都可以作为记录。在设计和测试阶段，也可以记下与儿童的对话来作为项目记录。

活动延伸

邀请儿童的家庭成员参与设计和实验的过程。教师可以向家长发送为鸡蛋制作防摔保护套的设计挑战信息，请他们帮助孩子收集回收材料，并带到幼儿园来用于制作保护套，或者请父母在家里同儿童一起设计和制作。之后可以在园举办一个 STEM 家庭活动，并邀请家长和儿童一起测试他们的鸡蛋防摔装置。

吸管滑翔机

创造性技能

- 探索
- 记录

活动主题

在设计中探索空气阻力和平衡。

活动目标

儿童将设计并制作吸管滑翔机。

活动材料

书写板夹，纸，铅笔，塑料或纸质吸管，厚卡纸或索引卡（12 厘米 × 20 厘米），胶带，剪刀。

活动概况

儿童可以独立完成，也可以与他人一起合作完成这项活动。需要有足够的空间供儿童测试滑翔机。

活动过程

1. 与儿童谈论飞机和纸飞机，告诉他们今天将制作一种特别的飞机，叫做滑翔机。在开始之前，让孩子们看看滑翔机的范例或滑翔机的制作草图会对他们有所帮助。

2. 请儿童在制作自己的滑翔机之前先画出设计图，这一步很重要，因为这要求他们注意到滑翔机的所有部件，并让他们思考如何使他们的滑翔机独一无二。

3. 请儿童将卡纸或索引卡裁切成大约 2.5 厘米 × 20 厘米和 2.5 厘米 × 15 厘米的纸条。滑翔机后面的环应该比前面的环大，这样可以在飞行时帮助支持和稳定滑翔机。

4. 用胶带将纸条粘成圆环，然后将纸环粘在吸管的两端，注意吸管要粘在纸环的内侧。

5. 请儿童捏住吸管中间，让圆环在上方（吸管在下方），然后向前扔出。

6. 有了制作一架滑翔机的经验后，儿童就能够创造出更多的滑翔机。鼓励他们在滑翔机上发挥创造力，提出问题并注意他们对自己的滑翔机进行完善和修改。教师可以提出的问题包括：哪个滑翔机飞得最久？你认为为什么会这样？为什么那个滑翔机会直接坠落到地上？你可以进行哪些修改来帮助它飞得更久？

活动记录

儿童的草图和所制作的滑翔机可以作为记录，来展现他们对这次试飞过程的理解。

活动延伸

在教室中创建一个“飞机场”，并展示制作纸飞机和吸管滑翔机的示例图。教师可以在网络上搜索到大量纸飞机的范例资源。

简单机械：无处不在的轮子

活动主题

探索轮轴的作用。

创造性技能

- 探索
- 记录

活动目标

认识日常生活中常见的各种轮轴。

活动材料

书写板夹，纸，铅笔，彩色铅笔、蜡笔、记号笔或水彩颜料，轮轴的范例（直径为7.5厘米的圆纸片两块，中间有一个孔，把一支铅笔穿进去当作轴）。

活动概况

在本次导入性的活动中，儿童将寻找并记录他们周围环境中的轮轴。

活动过程

1. 向儿童展示轮轴的范例，并和他们讨论每天看到的轮子。儿童可能对轮子很熟悉，却从未注意过轮子和轴是如何作为简单机械一起工作的。

2. 利用范例向儿童展示轮子和轴是如何协同工作来使物体移动的。请儿童轮流探索这个范例。

3. 向儿童介绍今天要在散步过程中寻找轮轴，请他们利用书写板夹将他们在散步时找到的轮轴画下来。

4. 在散步的过程中，花点时间和儿童讨论他们的发现，并鼓励他们寻找更多的轮轴进行比较。

5. 提出问题，例如："那辆自行车的车轮跟那辆卡车的车轮相比，大小有什么不一样吗?""你为什么认为小汽车的车轮比公共汽车的车轮要小?"这种引导式探究问题可以支持儿童的思考，并给教师提供了评估他们理解程度的机会。

6. 等儿童们回到教室后，可以鼓励他们使用彩色铅笔、蜡笔、记号笔或水彩颜料继续画他们的轮轴图。

活动记录

儿童的草图和最终的作品可以作为这次探索性散步的记录，因为这些都展现了他们对轮轴的理解。

活动延伸

儿童可以继续探索日常环境中的六种经典简单机械（杠杆、滑轮、斜面、楔子、螺旋以及轮轴）作为本活动的延伸。

小组探索游戏

推还是拉——识别“力”：模拟做各种推或拉的动作，例如拉开门或推开玩具，让儿童识别并判断力的类型。当儿童熟悉这个游戏后，可以请他们自己做动作并让其他同伴来识别。

脚对脚，手对手——感受推力和拉力：请儿童两两结对面对面坐着，脚掌对脚掌或手掌对手掌，并轮流推向彼此，感受推力。为了体验拉力，可以请他们各抓住一根短绳的两端，并轮流轻轻拉动绳子。

相关儿童读物

Beaty,Andrea.2013. *Rosie Revere,Engineer.* New York:Abrams Books for Young Readers.

这本书用美丽的水彩和钢笔画插图以及富有韵律的文字，从儿童的角度讲述了工程设计和探索中一次次尝试和遇到挫折的故事。

Llewellyn, Claire. 2004. *And Everyone Shouted, Pull!:A First Look at Forces and Motion.* North Mankato, MN: Capstone Young Readers.

这本书是《第一眼：科学》系列中的一本，通过动物们齐心协力使一辆马车前进的有趣故事，向儿童介绍了力和运动的概念。

Stille, Darlene R. 2004. *Motion: Push and Pull, Fast and Slow.* North Mankato, MN: Capstone Young Readers.

这本书用日常生活中的例子（如荡秋千、踢足球），解释了运动、速度、力和惯性，为儿童探索“运动”的相关概念提供了详细的信息。

第2章 工程设计：声音、光和影

认识声音

我们听到的声音是能量以振动的形式发射而产生的，即声音是由物体的振动而产生的。“声波”是一种压力波，它在空气中传播时会使空气中的微粒发生位移。声波沿着传播的方向振动，振动的频率（音高）和振幅（音量）取决于声音的来源是什么以及向外传递能量的多少。声音有高低（由振动的频率决定）和大小（由振幅决定）之分。

认识光和影

光是一种能量，它以粒子和波的形式传播。人可以看到七种不同颜色的光——紫色、靛蓝色、蓝色、绿色、黄色、橙色和红色。大多数物体都不能自己发光，而是通过反射或吸收光来让人看到。一般来说，一个物体在我们眼前呈现出的颜色是基于该物体所反射的光的颜色所决定的。对于儿童来说，最熟悉的光莫过于他们在日常生活中接触过的光，也就是来自于太阳、灯、手电筒以及教室里的光桌或投影仪的光。根据儿童的日常生活经验来安排课程活动，将有助于儿童将光和影的概念与个人的经验联系起来。

对影子的理解是建立在对光、光源和颜色的理解之上的。影子是自然光或电光被物体阻挡的结果。每个影子的形成都需要光源和物体这两个因素。物体可能会阻挡全部或部分光，这会导致影子形状发生变化。影子的大小也会因物体与光源的相对距离发生变化而变化——一名儿童早上八点上学时和中午放学离校时在地上的影子是不同的。

关于光和影的科学的另一个要点，是了解为什么不同的物体阻挡光的程度会有所不同，有些可能会阻挡全部、部分光，有些完全不阻挡光，而另一些则会反射光。能阻挡所有光的物体被称为“不透明的”，你无法透过这些物体看到它后面的东西。能让部分光通过的物体被称为“半透明的”，这些物体就像滤镜一样，仅允许某些颜色的光通过。“透明的”物体，例如玻璃窗，则可以让所有的光通过。而“反光的”物体会改变光的方向，并且不让光通过。对于反光的物体，儿童最熟悉的可能是安装在他们的自行车或自行车头盔上的反光灯。

一天之中会出现许多可以利用声音、光和影来提升儿童工程和设计经验的机会。与所有 STEM 主题一样，最好从儿童最自然的体验开始，使用他们熟悉的材料，并在他们吸收知识且对该主题表现出更多的兴趣时，循序渐进地支持他们经验的发展和对科学设备的使用。在规划涉及声音、光和影的活动时，可以参考美国《下一代科学教育标准》中的相关指导。尽管这些标准是为指导 K–12 阶段（对应于我国的学前班到高中）的学习经验而编写的，但是在培养儿童的基础知识和创造性思维技能时，这些标准所依据的学科核心概念可以为早期工程教育提供有用的指导。

工程中的核心概念

声音和光的特性

- 声音能使物体振动，振动的物体能产生声音。
- 如果物体被光照亮或者自身能发光，就可以被看见。
- 一些材料允许光通过；一些材料只允许部分光通过；一些材料会阻挡所有光，并在光不能到达的物体背后形成暗影。镜面可以用于改变光的方向。

开发可能性方案

- 可以通过草图、图纸或物理模型传达设计方案，这些呈现方式有助于和他人交流自己关于问题解决方案的想法。

来源：美国《下一代科学教育标准》(*Next Generation Science Standards: For States, By States.*)

有助于理解的活动案例：和光一起玩

今天，戴维斯老师在科学区准备了一个由高射投影仪制成的小光桌和一些彩色半透明的几何图形片，供她三岁的学生们探索。诺亚正在仔细地排列各种图形片（图形片里有八边形、平行四边形、三角形），以确保在将组合起来的图形片推到桌子的照明区域之前，每一个图形片都与相邻图形片的边紧贴着。在将这些图形片推到照明区域时，他朝呈现投影的墙壁瞥了一眼。

诺亚在光桌上研究图形片

经过一点调整后，他似乎对自己的摆放感到满意了，于是他把戴维斯老师喊过来看他的作品。戴维斯老师很快注意到了图形片的摆放方式，它们之间连接地如此紧密，以至于没有光线穿过图形片之间的缝隙。诺亚表示他会继续拼摆图形片，用图形片将桌子上的照明区域铺满。在拼摆的过程中，他时不时地在投影墙和光桌之间来回扫视，以确定合适的摆放位置。

反思

正如诺亚对光、正空间（图形片）和负空间（图形片之间的缝隙）的探索所展现的那样，声音、光和影对儿童具有天然的吸引力。“声音”“光”“影”这些大概念（vast concept）可以从不同的学科角度进行探讨，如视觉和语言艺术、科学和工程设计。当教师花时间通过支持性教学实践来支持和指导儿童时，儿童的探索活动就可以发展成进行实验、观察并修订其最初的设计和想法的经验，如戴维斯老师就是花时间观察诺亚的举动并提供了描述性观察言论。精心设计有关声音、光和影的学习活动，可以为儿童提供创造性的机会去探索、试验并最终拓展他们的理解。保持这些学习活动的开放性和趣味性将有助于形成支持探究和实验的课堂文化。

将声音、光和影融入活动的小贴士

与声音、光和影的互动可以在户外的自然环境中进行，儿童本身就是环境的一部分，还可以使用回收材料和购买的教室材料。因此，除了教室里的STEM区角之外，还可以利用学校和社区附近的空间来给儿童开设户外课程。要注意，在室内体验有关声音的活动，无疑会提高室内的音量，因此，请让这些活动远离阅读区和其他需要安静的区域，这是支持教室中所有儿童的非常重要的考虑。

用于引发探索声音、光和影的提问

- 你听到的声音是小还是大，是高还是低？你是怎么知道的？
- 这束光会穿过这个物体吗？还是会被物体挡住呢？你为什么这么认为？
- 教室中的哪些物体会完全阻挡光？哪些物体会让一部分光穿过？
- 我们怎么才能知道光会不会穿过这个物体？我们怎么测试呢？
- 如果用手电筒照射这个物体，我们将看到什么颜色？你为什么这么认为？

活动方案

声音漫步

活动主题

- 不同的物体会产生不同的声音。
- 每个声音都有来源，我们可以通过追踪声音找出是什么物体发出了这种声音。

创造性技能

- 探索
- 视觉化
- 记录

活动目标

- 儿童将识别日常生活中不同的声音。
- 儿童将追踪所识别的声音，找到其来源。

活动材料

记录单《声音漫步》(参见第39页)，书写板夹和铅笔（人手一份），录音机。

活动概况

在去散步之前，打印出记录单《声音漫步》，或用儿童在一次短暂的散步活动中可能听到声音的相关图像制作一份新的记录单。确保在页面上留出一个空白区域，可以让儿童绘制自己听到的声音图像，这将鼓励他们去发现记录单上没有的图像和聆听记录单上没有的声音。

活动过程

1. 在散步之前，请和儿童讨论他们每天听到的声音。教师可以询问他们在户外听到过的声音："当我们在操场上时，你听到过什么样的声音?""你认为那个声音是什么发出的?""当你在家附近散步时，你听到过一些什么样的声音？”告诉儿童他们要进行一次特殊的散步。

2. 向儿童展示记录单《声音漫步》，并询问他们是否可以将声音与图像联系起来，例如，树叶被吹动的图片可以联系到风声。

3. 请每个儿童都携带书写板夹、铅笔和记录单《声音漫步》来记录他们对声音的探索。

4. 请儿童在散步时保持安静，集中精力倾听声音。

5. 一旦有人辨认出一种声音，就可以与他人分享。教师可以在这时引导儿童找一找声音的来源，并将“声音可以被追踪”这一点与声音的来源联系起来。例如，如果他们听到狗叫声，这意味着他们能在附近看到或找到一条狗。

6. 用录音机记录下儿童在散步过程中听到的声音。回到教室后，儿童可以使用此录音来回顾和拓展这次活动。

活动记录

记录单《声音漫步》可以作为一种记录。在散步过程中记录的轶事笔记也可以帮助教师了解儿童能够追溯哪些声音的来源。

活动延伸

为了将对声音的体验扩展到学校散步范围以外的区域，教师可以使用录音机录制一些新奇的声音，并在集体活动时播放这些声音，以便全体儿童可以共同合作来确定声音的来源。教师可以在散步活动中引入音量（大和小）和音高（高和低）的概念来增加经验的复杂性。教师还可以请儿童制作自己的记录单《声音漫步》，以备将来散步时使用。

[附] 记录单《声音漫步》

圈出与你所听到的声音相对应的图片。

绘制你自己的声音图像：

班级乐队：制作乐器

活动主题

- 不同的物体会产生不同的声音。
- 声音能够使物体振动，而振动的物体能够产生声音。

创造性技能

- 探索
- 视觉化
- 有策略的规划
- 独特的问题解决能力

活动目标

- 儿童将参与制作简单的乐器。
- 儿童将演奏自己制作的乐器，并注意振动所产生的声音。

活动材料

教师要提前制作每种乐器的范例，以便儿童能够先观察和演奏。

制作鼓的材料：

小金属罐（用胶带包住所有锋利的边缘）或纸罐容器（如奶粉罐），用于装饰鼓的颜料或马克笔，气球（每个罐子配一个），剪刀，丝带或布条，胶水或热熔胶（热熔胶仅限成人使用）。

制作鼓的方法：

将气球绷在罐子的开口上，然后在气球的边缘缠上一条带胶的丝带或布条以帮助其固定。鼓励儿童用颜料或马克笔对自己的乐器进行个性化装饰。

制作卡祖笛的材料：

硬纸管（卷纸芯），蜡纸（7.5 厘米 × 7.5 厘米的正方形），橡皮筋，削尖的铅笔或其他锋利的物体（仅限成人使用），颜料或马克笔。

制作卡祖笛的方法：

教师用铅笔或其他尖锐的物体在离硬纸管一端约 5 厘米处开一个小孔。请儿童将一张方形的蜡纸蒙在离小孔近的一端的管口上，并用橡皮筋紧紧扎住。鼓励儿童用颜料或马克笔对乐器进行个性化装饰。

制作吸管笛的材料：

八根塑料吸管，美纹纸胶带，剪刀，尺子，钢笔或铅笔，颜料或马克笔。

制作吸管笛的方法：

首先将第一根吸管剪成20厘米长，之后的每根吸管都按比前一根短一厘米的标准裁剪。将吸管未裁剪的一端对齐，并从长到短排列，然后用胶带将它们粘在一起。为了使笛子更牢固，请多粘两条胶带。鼓励儿童用颜料或马克笔对乐器进行个性化装饰。

活动概况

活动将以小组的形式进行，每个儿童都将制作一种乐器。

活动过程

1. 请全班儿童一起跟着哼唱一首他们最喜欢的课堂歌曲。当他们哼唱的时候，引导他们轻轻地将手指放在喉咙上，询问他们能感觉到什么，向他们介绍“振动”一词，并简单谈谈由振动引起的声音。

2. 和儿童谈论他们看到或感觉到的振动发出声音的例子，来加深他们对振动的理解。向他们展示三种乐器（鼓、卡祖笛和吸管笛）的范例，并请他们想一想要制作哪种乐器。

3. 最好请儿童以小组的形式制作乐器，因为在制作过程中他们会需要他人的帮助。为了帮助他们明智地选择要制作哪种乐器，请他们先演奏一下三种乐器，以加深他们对振动和声音的认识。

4. 当儿童选择好要制作的乐器后，请和他们一起根据上述的制作方法来制作乐器。请儿童积极参与制作过程。可以将教师的乐器范例放在他们触手可及的地方，这样儿童在制作乐器时就会对自己的工作目标有清晰的认识。

5. 在指导儿童时，提出一些问题来引发他们思考振动在声音中的作用。

- 我们为什么要让气球紧紧地绷在容器的顶部？
- 你觉得我们为什么需要在卡祖笛的纸管上打一个孔？
- 对着长吸管吹气和对着短吸管吹气会有什么区别？

6. 当儿童制作好乐器后，请全班幼儿一起演奏，并让他们交换乐器来体验新的声音。

活动记录

对儿童制作和演奏乐器的过程进行轶事记录，这将有助于教师了解儿童对声音的理解。

活动延伸

让儿童参与制作其他乐器，进一步体验声音和振动的关系，如：纸盘铃鼓（里面装有干豆），摇摇瓶（里面装有豆子、串珠或大米）或纸盒吉他（有琴弦）。

户外声音墙

活动主题

- 不同的物体会产生不同的声音。
- 声音能够使物体振动，而振动的物体能够产生声音。
- 每个声音都有来源，我们可以通过追踪声音找出是什么物体发出了这种声音。

创造性技能

- 探索
- 视觉化
- 记录
- 独特的问题解决能力
- 有策略的规划

活动目标

- 儿童将追踪一个特定的声音，找到它的来源。

● 儿童将参与建构声音墙，并利用声音墙进行演奏，注意到不同材料发出的不同声音。

活动材料

废旧的厨房用品（如汤锅、平底锅、土豆压泥器、木制和金属的汤匙、金属打蛋器、松饼烤盘、蛋糕烤盘和金属蒸架），书写板夹、纸和铅笔，扎带、金属挂钩和螺钉，有围栏或可以放置这些物品的户外区域。

活动概况

这是一个长期的项目，儿童将参与到计划、设计、建造和实验的各个阶段。还可以让家庭参与到收集材料和建造声音墙的过程中。

活动过程

1. 向儿童说明什么是声音墙，以及如何用废旧的日常用品建构一个户外声音墙。这是一个极好的与环境研究和回收再利用废旧材料相关的项目。

2. 收集可用于建构声音墙的物品。如果想让家长参与进来，请和儿童一起列一个所需物品的清单，给家长们寄一封信说明该项目并请他们帮助收集材料。

3. 当收集完材料后，下一步就是设计声音墙。让儿童探索这些材料发出的声音，并思考如何将它们用于声音墙。

4. 请儿童帮忙在户外找到一个合适的地方来建造声音墙（围栏的效果最好）。可以画一幅草图（可参考第 44 页的照片）来引导儿童通过画草图的方式呈现他们对声音墙的构想。

5. 将全班收集到的材料展示出来，并鼓励每个儿童都画出对声音墙的构想。

6. 当所有的草图都完成后，全班可以一起选择一两个涵盖了他们都想在声音墙上使用的元素的草图。

7. 用金属挂钩、螺钉或扎带将物品按计划固定在墙上。保持物品可移动或可替换将有助于儿童保持对这面墙的兴趣。

8. 当物品安装完毕后，请儿童用汤匙和打蛋器来制造声音。

活动记录

儿童的草图以及他们建构和探索声音墙的活动过程都可以作为记录。在游戏过程中记录的轶事笔记也有助于教师了解儿童能够追溯哪些声音的来源。

活动延伸

教师可以通过更换声音墙上的材料来拓展这个活动。鼓励儿童录制他们制造的声音，以便回到教室后重复播放，他们还可以尝试将听到的每种声音与相关的物品对应。

各种各样的日常用品都能够用来建造声音墙

谁会阻挡光线？

活动主题

有些材料允许光通过（透明）；有些材料就像滤镜，仅允许某些颜色的光通过（半透明）；另外一些材料则会完全阻挡光（不透明）。

创造性技能

- 探索
- 视觉化
- 记录
- 问题解决

活动目标

儿童将运用日常用品探索透明、半透明和不透明的概念，并按照物品的透明程度（是否允许光通过）对物品进行分类。

活动材料

透明、半透明和不透明的小材料（如木制积木、彩色计数熊、半透明和透明的计数圆片、透明的光桌材料），光桌或投影仪，数码相机。

活动概况

根据光桌或投影仪的大小，儿童可以单独或以小组的形式进行活动。

活动过程

1. 请儿童探索教师收集到的材料，并请他们观察这些材料有什么不同之处：当我把这个蓝色的计数熊放在光桌上时，光线会怎么样？这与我把这块透明的积木放在光桌上时有什么不同吗？如果把这些圆片叠起来放，光线会怎么样？

2. 确保给儿童足够的空间，让他们以自己的方式探索并与物体互动。在儿童探索的过程中，教师还可以向他们描述自己所看到的光与物体之间的关系——哇，当你把两个透明的物体叠放在一起时，光仍然可以通过。

3. 在儿童探索的过程中，教师可以介绍“透明”“半透明”和“不透明”这些词汇和概念。

4. 最后，请儿童根据他们与光的互动，将他们认为相同或不同的物体进行分类。

5. 为儿童的分类结果进行拍照，以记录他们的想法和探索过程。

活动记录

记录下儿童的探索和游戏过程。那些分类照片也可以作为最终的记录。

活动延伸

请儿童在光桌上多次重复他们的游戏，以帮助他们在进一步的互动中加深理解。教师还可以请儿童收集他们想要在光桌上探索的材料。

多彩的光

活动主题

有些材料允许光通过（透明）；有些材料就像滤镜，仅允许某些颜色的光通过（半透明）。

创造性技能

- 探索
- 视觉化
- 记录
- 合作

活动目标

儿童将利用手电筒来探索“透明”和“半透明”的概念。儿童将通过改造手电筒以允许某种颜色的光通过的方式，来改变手电筒光的颜色，并与同伴一起创造新的颜色。

活动材料

手电筒（有防摔镜片的塑料手电筒最适合），红色、黄色和蓝色（或其他颜色）的彩色玻璃纸或塑料膜（裁成 7.5 厘米 × 7.5 厘米的正方形），橡皮筋，记录本或记录单，彩色铅笔。

活动概况

儿童将在教室里较暗或光线较弱的区域以小组的形式活动。

活动过程

1. 请儿童玩一玩手电筒，并询问他们在手电筒照射下看到的东西：当你用手电筒照射墙面（如果墙面不是白色的，可以改为照射天花板）时，手电筒的光是什么颜色的？引导他们将玻璃纸盖在手电筒的镜片上以改变光的颜色。口头提问或请儿童回答记录本或记录单上的问题，能帮助他们反思自己对颜色和光的了解。记录本上可以呈现的问题包括：我为我的手电筒选择的颜色是……（书写或用涂色的方式表示）我的同伴们选择的颜色是……如果我们将颜色在墙上重叠会发生……

2. 下一步是帮助儿童用橡皮筋将玻璃纸固定在手电筒的玻璃片上。

3. 鼓励儿童用改造过的手电筒照射白色的天花板或墙壁，并使自己的光斑与小伙伴的重叠，以产生新的颜色和影子。

4. 教师可以在探究过程中向儿童介绍“透明”和“半透明”这两个术语，但要聚焦在某些材料允许所有光通过，而另一些材料只允许某些颜色的光通过（如玻璃纸）。

5. 当探索结束后，请儿童花一些时间来反思关于混色的经验。鼓励他们在记录本或记录单上展示颜色重叠时所发生的情况。

活动记录

儿童的记录本或记录单可以作为记录。

活动延伸

请儿童用改造过的手电筒玩影子游戏。教师还可以将手电筒放置在科学区或角色游戏区，以支持儿童在教室中继续使用和探索手电筒。

户外动物影子图

活动主题

有些材料会阻挡所有光，并在它们背后形成暗影。

活动目标

儿童将探索影子的概念，还将利用在户外绘制的影子图来绘制动物。

活动材料

动物或其他生物的塑料模型，彩纸，能放下一张彩纸的托盘，马克笔。

活动概况

本活动可以以小组的形式开展，如果有足够的材料，也可以以集体的形式开展。

活动过程

1. 请儿童将选择的动物模型放在托盘里的彩纸上，并将它们放置到户外。

2. 请儿童移动托盘，或在一天的不同时间查看托盘，看看模型的影子是否有变化。

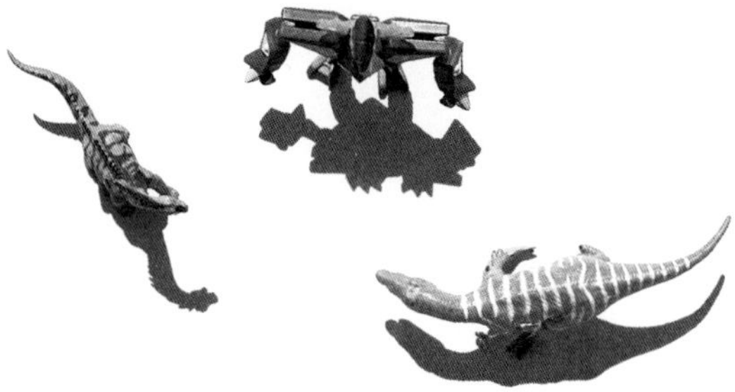

儿童可以通过动物影子图来探索影子

3. 当儿童对影子感到满意后，请他们仔细地在纸上勾勒出影子的轮廓。画好轮廓后，还可以请他们拿开模型，为影子添加更多的颜色和细节。

活动记录

儿童绘制的影子图可以作为记录，另外还要记录他们对不同时间或不同区域里影子变化的探索。

活动延伸

请儿童在户外的地面上用粉笔勾勒出朋友的影子。班里的其他人可以装饰这些影子轮廓，以此来展现每个儿童和影子的独特性。

相关儿童读物

Asch, Frank. 2000. *Moonbear's Shadow.* New York: Aladdin Books.

这是一本经典的图画书，可以吸引孩子们跟随月亮小熊与自己的影子斗智斗勇。

Berge, Claire. 2004. *Whose Shadow Is This?* North Mankato, MN: Picture Window Books.

这本书引导儿童参与探索从蜂鸟到长颈鹿等各种形状和大小的动物的影子。

Pfeffer, Wendy. 2016.*Sounds All Around.* New York: Harper Collins.

这本书通过生动的文字和彩色的插图，吸引儿童探索人和动物是如何用不同的声音交流的。

Showers, Paul. 1993. *The Listening Walk.* New York: Harper Collins.

这本书鼓励儿童慢下来，去关注身边各种各样的声音。

第3章

工程设计：建构场景和建筑物

建构活动是许多儿童最喜欢的活动。当我们以工程设计的视角来探索建构活动时，我们可以充分利用儿童天生的兴趣，将他们带入新的方向。工程设计是一个反复决策的过程，需要科学、数学和艺术等各方面的知识。工程设计的过程包含几个不同的步骤，如确定问题、收集相关资料、设计作品、准备方案以及进行建构，教师可以根据实际情况在活动中调整和实施这些步骤。例如，整合规划也是一个非常重要的、可以用于儿童建构活动的概念。绘制理想中的建筑或场景设计图要求儿童慎重地思考：他们想要搭建什么样的建筑，要在哪里搭建以及需要哪些材料。用真实的方式实施计划会鼓励儿童带着创造性和认知性参与其中。在将二维的图形转换为三维的建筑时，儿童还会遇到其他挑战，一般都是表征方面的问题，包括垂直、平衡、稳定性和视觉的复杂性。随着儿童在设计和规划过程中不断获得经验，他们对建构的了解将逐渐加深。

在儿童进行工程活动时，教师可以向他们介绍下列这些步骤。

1. 确定问题或需求：我们知道些什么？我们还需要知道什么或做什么？

2. 设计作品：我们有哪些材料或我们需要哪些材料？然后绘制草图或制作方案。

3. 创作和建构：收集所需的材料并进行建构。

4. 测试和再测试：建造的成品能否达到目的？可以做哪些修改？如何进行完善？

5. 修改和重新建构：收集所需的材料并再次进行建构。

6. 展示并分享作品：如何向别人描述或展示自己的作品？

在教师计划开展建构活动时，可以参考美国《下一代科学教育标准》中的相关指导。尽管这些标准是为指导 K−12 阶段（对应于我国的学前班到高中）学生的学习经验而编写的，但是在培养儿童的基础知识和创造性思维技能时，这些标准所依据的学科核心概念可以为早期工程教育提供有用的指导。

工程中的核心概念

物体的结构和性质

- 物体不同的特性适用于不同的目的。
- 许多物体都是由一系列更小的物体组成的。

定义和界定工程问题

- 人们想要改变或创造的某个问题情境，可以被看作一个可以通过工程活动来解决的具体问题。
- 提出问题、进行观察和收集信息都有助于思考问题。
- 在开始设计解决方案之前一定要清楚地理解问题。

开发可能性方案

- 可以通过草图、图纸或物理模型传达设计方案，这些呈现方式有助于和他人交流自己关于问题解决方案的想法。

优化设计方案

● 对于一个问题，通常存在不止一种可能的解决方案，所以比较和测试多种设计方案会很有帮助。

来源：美国《下一代科学教育标准》（*Next Generation Science Standards: For States, By States.*）

有助于理解的活动案例：用开放性材料进行建构

今天，格林伯格老师和奥尼尔老师班里的建构区非常热闹，因为孩子们开始用开放性材料进行建构活动。昨天两位老师将装有各种开放性材料的盒子放在了一起，让孩子们尽情探索。一些盒子里装的是天然材料（如贝壳、石头、树枝和树叶），其他盒子里则装有各种尺寸、形状和颜色的人工制品。艾登被一个里面全是橙色物体的盒子所吸引，并开始探索盒子里的材料。在孩子们对开放性材料探索了一番之后，老师要求他们思考想选择什么材料以及用这些材料建构什么。每个孩子都在素描本上画出了他们想要建构的建筑物或场景的设计图，并且在建构时仅使用盒子里的材料。奥尼尔老师注意到艾登正沉浸在她的画中。他坐到她旁边，问："你想告诉我你的计划吗？"艾登迅速回答道："我想要建造'奥兰治世界（Orangie World）'。"然后她指向自己的设计图。奥尼尔老师查看了艾登的"奥兰治世界"设计图，并指出他看到她打算在建筑物上悬挂一只蜘蛛。"奥兰治世界很恐怖吗？"奥尼尔老师问道。"不！"艾登回答，"奥兰治是猪的名字，这是它的家，蜘蛛是它的朋友。"奥尼尔老师回答："哦，我明白了。"他鼓励艾登完成她的设计，并在确定设计图后开始搭建。当奥尼尔老师从艾登的身边站起来时，他提醒艾登："请记住，开始搭建后，如果你确定还需要修改的话，你可以更改你的设计。”那天上午晚些时候，当艾登开始将她的计划转化成行动时，她在使蜘蛛在屋顶上保持平衡时遇到了麻烦。她尝试了几种不同的解决方案：将蜘蛛放在其他建筑物上；用绳子绑住蜘蛛；将蜘蛛放在建筑物的边缘……但是这些解决方案都不起作用，因为蜘蛛总是会掉下来。奥尼尔老师再次坐到艾登旁边，问她：“怎么做才能让蜘蛛留在奥兰治世界中呢？让我们来看看你的设计图。你想过改变其中一幢建筑的设计吗？”艾登看着她的设计图，然后又看了看她的建筑。奥尼尔老师继续问：“你能把建筑物的顶部弄平，让蜘蛛坐在上面吗？”他和艾登一起翻看了她的橙色材料盒，找到了一块圆柱体积木，它有平坦的圆顶面。艾登放上了这块积木，然后将蜘蛛放在了上面。她咧开嘴笑了，说：“现在蜘蛛和奥兰治在一起了。”奥尼尔老师笑着告诉艾登，她在探索如何使建筑保持平衡方面做得很好。

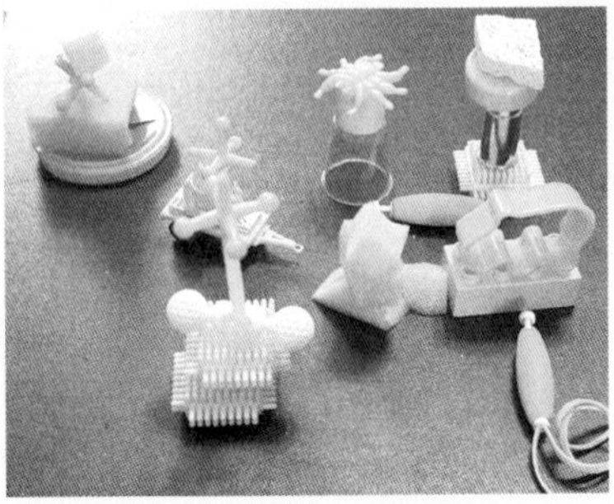

艾登用开放性材料建构的“奥兰治世界”

反思

对设计的思考会让幼儿有解决问题和修正的机会，这一点在艾登的建构活动中得到了证明。开放性材料和非传统的建构材料允许儿童用多种方式进行移动、搬运、组合、重新开发、拆开和复原，从而进一步增加了反复设计的机会。在早期建构活动中纳入开放性材料，将促进儿童的独立探索，并让他们有机会操作有多种建构方式的材料，而不是仅有一种建构方式的材料。艾登建造“奥兰治世界”的经历涉及了认知技能、创造性技能和自我调节技能。当教师为儿童提供选择材料的机会，并鼓励儿童反思自己的行为和想法时，这种学习经历就会经常在教室中发生。

将建构场景和建筑物融入活动的小贴士

如果在教室和户外游戏区为儿童提供多种多样的建构材料，那么与建构场景和建筑物相关的经验就会自然而然地产生。能够纳入室内或户外建构区的材料有很多，从常见的用于建构的材料，如单元积木、空心积木、泡沫积木、纸板积木，到非传统的建构材料，如原木积木、木条和木板、瓷砖、小块的铺路砖或砖块、石头，再到一些不常见的可以用于建构的材料，如黏土、天然材料、布料。为儿童轮换着提供各种材料将有助于将他们的建构活动推向新的方向。空间也是一个需要考虑的重要因素，因为儿童的建构作品可能会很大，并且不是一次区域活动就可以完成的。如果有足够的空间给儿童机会来继续建构和丰富作品，那么随着时间的推移，他们的作品将变得越来越复杂。

用于引发探索建构场景和建筑物的提问

- 你有没有制订建构计划？你需要什么材料？
- 如果用另一种材料会怎么样？你想试试哪种材料？
- 你怎么使它保持平衡呢？

- 你有没有围着你的建筑物走一走，从各个角度看一看，你发现了什么？
- 你需要进行哪些更改才能让你的建筑物连成一片呢？你可以怎么做呢？

活动方案

你能搭建一个 ×× 吗？

活动主题

- 物体不同的特性适用于不同的目的。
- 许多物体都是由一系列更小的物体组成的。

创造性技能

- 独特的问题解决能力
- 有策略的规划
- 交流
- 合作

活动目标

- 儿童将探索各种传统和非传统的建构材料的特性。
- 儿童将使用合适的材料来复制某个建筑物或建构某个物体。

活动材料

各种建构积木，开放性材料（如木板、软木塞、胶合板、柳条、轻木条、木制工艺棒、玻璃扁珠、石头、各种尺寸和形状的瓷砖），各种建筑、桥梁和运输工具的图片或图纸，数码相机。

活动概况

该游戏需要小组内的儿童共同合作，来建构他们选定的建筑或物体。

活动过程

1. 向儿童说明此游戏的目标是让小组成员合作建构一个他们共同选择的建筑或物体。

2. 请儿童浏览收集来的图片或图纸，并在小组内商定要建构哪个。请他们查看活动的材料，并讨论哪些材料最适合用来搭建他们的作品。

3. 在搭建过程中，提醒儿童对比图片仔细查看他们的作品，看是否有需要修改的地方。如果建筑物倒了，该小组可以重新开始。

4. 确保对最终的作品进行拍照留存。

活动记录

对反映儿童合作、解决问题和使用各种材料的能力的行为进行轶事记录。儿童建构作品的照片也可作为记录。

活动延伸

将儿童完成的作品的照片与他们所参考的建筑物的图片并排呈现，以促进他们进行反思。鼓励儿童讨论作品与参照物的相同和不同之处。引导儿童讨论他们为什么选择使用某种材料。

制作砖块

活动主题

- 物体不同的特性适用于不同的目的。
- 许多物体都是由一系列更小的物体组成的。

创造性技能

- 探索
- 视觉化
- 寻找解决方案

活动目标

儿童将自己动手制作砖块，并将这些砖块用于户外的搭建活动。

活动材料

各种尺寸和形状的冰块托盘或小型模具（柔软的硅胶托盘最容易脱模），泥巴或泥沙混合物，小桶和搅拌器，数码相机，毛巾。

活动概况

该活动将持续几天。最好在天气温暖时进行该活动，以便砖块在使用前能彻底干燥定型。

活动过程

1. 与儿童讨论不同类型的建构材料，并让他们想一想经常看到的建构材料的种类。向儿童说明他们将两两合作来制造泥砖或沙砖。

2. 请儿童选择他们要用的冰块托盘。

3. 鼓励儿童在小桶里小心地将泥沙与水混合。混合物不能太湿也不能太干——像牙膏般的黏稠度比较好，用这种混合物制成的砖块最坚固。这个步骤操作起来会比较脏乱，所以请准备好清理用的毛巾。

4. 让儿童将泥浆装进冰块托盘，然后放在阳光下晒干。等所有砖块都晒干后，教师可以和儿童一起小心地进行脱模。

5. 鼓励儿童用他们自制的砖块进行搭建。不用的时候，一定要把砖块移到有遮盖物的地方，这样可以尽可能长时间地保存它们。

活动记录

对反映儿童合作和解决问题能力的行为进行轶事记录。用拍照的方式记录儿童制砖和搭建的过程。

活动延伸

向儿童展示由其他天然材料制成的建筑物的照片，其中土坯建筑最契合儿童的经验。教师还可以鼓励儿童在他们的砖块建筑中添加其他自然元素，如小木片或木棍，这些都是容易利用的附加物。

搭建桥梁

活动主题

- 许多物体都是由一系列更小的物体组成的。
- 在开始设计解决方案之前一定要清楚地理解问题。
- 可以通过草图、图纸或物理模型传达设计方案，这些呈现方式有助于和他人交流自己关于问题解决方案的想法。
- 对于一个问题，通常存在不止一种可能的解决方案，所以比较和测试多种设计方案会很有帮助。

创造性技能

- 探索
- 视觉化
- 寻找解决方案
- 合作

活动目标

儿童将两两合作搭建桥梁。

活动材料

橡皮泥或黏土，工艺棒，各种长度（5 厘米~15 厘米）的吸管，素描纸或记录本，铅笔，塑料动物模型（牛、狗、马，甚至是恐龙），作为参考的桥梁图片。

活动概况

在这个活动中儿童将面临一项设计挑战，即搭建一座桥梁，并用其将动物模型从河的一侧转移到另一侧。

活动过程

1. 首先，向儿童宣读以下挑战说明（教师也可以自己撰写）：有一只叫约翰尼的牛（马、狗或恐龙）与家人分开了。他在河的一侧，而他的家人在另一侧。约翰尼需要你搭建一座桥来帮助他过河与家人团聚。你能和一位同伴一起合作，搭建一座桥并让约翰尼成功过河吗？

2. 向儿童展示他们将用来建造桥梁的材料以及桥梁的示例图片，并请他们开始思考桥梁的设计图。提醒儿童可用橡皮泥或黏土将桥梁的小部件连接在一起。

3. 请儿童画出可能的设计方案并与同伴分享想法。当他们决定了采用哪种设计后就可以开始搭建。

4. 鼓励儿童在建造桥梁时测试其强度和稳定性。他们可能需要在几天的时间里进行几轮搭建和重新设计。

5. 当儿童的桥完成（且橡皮泥变硬）后，请他们将约翰尼放在桥上来测试桥的强度和稳定性。

6. 鼓励儿童讨论他们在不同设计中看到的不同和相似之处。

活动记录

儿童的设计草图和最终的作品可以作为记录，来体现他们在设计过程中的思考和工作。

活动延伸

请儿童用各种各样的材料搭建建筑或其他运载工具。

哪种结构最稳固?

活动主题

- 物体不同的特性适用于不同的目的。
- 人们想要改变或创造的某个问题情境，可以被看作一个通过工程活动来解决的具体问题。
- 提出问题、进行观察和收集信息都有助于思考问题。

创造性技能

- 探索
- 视觉化
- 合作

活动目标

儿童将以小组合作的形式来设计实验，以测试哪种形状的柱体最稳固。

活动材料

三张同样大小的卡纸或较厚的纸，透明胶带，剪刀，直尺，铅笔。

活动概况

本活动可以以集体或小组的形式进行。

活动过程

1. 与儿童讨论他们在建筑中看到过的形状，向他们说明他们将设计一项实验，来找出哪种形状的柱体最稳固。

2. 将三张纸分别折成三棱柱、圆柱和四棱柱（都没有顶面和底面），请儿童摸一摸这三种形状的柱体，然后猜测哪种形状的柱体能够支撑住重物（书本、木块或木板）。

3. 将折好的柱体竖着放置在地板上面。

4. 请儿童将重物依次放在每个柱体上，注意观察哪个柱体能支撑重物。如果差别不明显，可以再放一个重物来增加重量。

5. 有了结果之后，和儿童讨论为什么圆柱体比其他两个柱体能承载更大的重量。

6. 重复实验（至少一次），看看结果是否相同——这是工程活动中非常重要的一步，一次又一次地看到相同的结果将支持儿童的理解。鼓励他们将实验结果与自己搭建积木的经验联系起来。

7. 在建构区提供其他形状的纸结构，以支持儿童进一步探索。

活动记录

对能够反映儿童预测能力和讨论实验结果能力的行为进行轶事记录。

活动延伸

分别提供 4～5 个三种形状的柱体，把儿童分成三个组，请每组儿童用同一种形状的柱体建造一个他们认为能承受最大重量的结构。鼓励儿童在最终测试之前先测试一下他们的结构，以便对其设计进行修改。逐一测试三个组的结构，并让儿童记录实验结果。

工程创意工坊

活动主题

- 许多物体都是由一系列更小的物体组成的。
- 设计方案可以通过草图、图纸或物理模型来传达，这些呈现方式有助于和他人交流自己关于问题解决方案的想法。
- 对于一个问题，通常存在不止一种可能的解决方案，所以比较和测试多种设计方案会很有帮助。

创造性技能

- 探索
- 视觉化
- 寻找解决方案
- 合作

活动目标

儿童将参与一个开放的、自主的工程创意工坊活动。

活动材料

以下是一份可以在工程创意工坊中提供的材料清单。并非所有的材料都要同时提供，而是要在仔细观察儿童行动的基础上，来确定何时添加、移除或引入新材料。

安全设备和常用工具：

儿童防护眼镜，围裙或工作服，放大镜，剪刀，直尺，卷尺，手电筒，

STEM 记录本，计时器，画笔，马克笔，彩色铅笔，秤，适合儿童使用的小工具（锤子、螺丝刀、钳子等）。

工程（建构）材料：

回收再利用的塑料（或不易碎的）杯子，碗，勺子，工艺棒，毛根，吸管，各种尺寸的硬纸筒，小块的厚纸卡或薄木片，美纹纸胶带，管道胶带和电工胶带，胶棒或胶水，线，麻绳或魔术贴。

活动概况

本活动将以小组合作的形式在区角展开，每组 2 ~ 4 个儿童，具体取决于工坊的空间大小和位置。

活动过程

1. 将材料整齐有序地放置在工坊中，以便儿童对可使用的材料一目了然。与儿童讨论创意工坊的目标——创新、发明和尝试新想法。

2. 鼓励儿童在建构之前先画出他们的构想，这样有助于他们思考所需的材料。请务必强调，他们只能使用自己需要的东西，并保证他们会认真地对待材料。

活动记录

儿童的设计草图和最终的作品可以作为记录，以此来体现他们在设计过程中的思考和工作。将儿童的设计图和作品一起展示，可以进一步让他们将计划、设计和建构的想法联系起来。

活动延伸

当教师提供不同的材料时，创意工坊的焦点也将随之改变。家庭是一个很好的材料来源，但需要具体说明所需材料的类型，以使家庭捐赠的材料符合儿童的兴趣和安全要求。

相关儿童读物

Beaty, Andrea. 2007. *Iggy Peck, Architect.* New York: Abrams Books for Young Readers.

伊吉是一名二年级的学生，他热爱建筑和搭建，能够创造出所有可以想象得到的作品。相信当听到伊吉的设计和建筑技能帮助他的班级免于遭受灾难时，孩子们会很开心！

Gibbons, Gail. 1990. *How a House Is Built.* New York: Holiday House.

这是一本经典的描述房屋建造过程的书，儿童将从中了解测量员、重型机械操作员、木匠、管道工和其他工人是如何建造房屋的。

Guarnaccia, Steven. 2010. *The Three Little Pigs: An Architectural Tale.* New York: Abrams Books for Young Readers.

这个版本的三只小猪通过熟悉的故事和人物，介绍了三位著名的建筑师：弗兰克·劳埃德·赖特，菲利普·约翰逊和弗兰克·盖里。儿童将通过故事情节和插图的细节了解每位建筑师的风格。

Spires, Ashley. 2014. *The Most Magnificent Thing.* Toronto: Kids Can Press.

这本书通过迷人的插图讲述了一个小女孩通过工程和设计创造出了不起的杰作的故事。这本书将帮助儿童理解为什么在工程活动中要不断对想法和计划进行调整和修改。

第4章 技术：知识与创新

计算机和数字技术是现代世界的重要组成部分，儿童需要适当地接触这些技术以帮助他们去理解、交流和发展。从爸爸口袋里的电话到医生办公室里的电脑，再到教室中的交互式白板，每个儿童都会在日常生活中接触计算机和数字技术。在早期儿童教育中，我们经常谈到儿童的“多种语言”或者说是儿童传达其想法和创意的多种方式——绘画、跳舞、唱歌、游戏、阅读、书写等等。在当今的技术世界中，我们还有另一种语言要教授给儿童，并用它来交流，那就是编码（coding）。“编码”，也称为计算机编程，是一种新的读写方式，可以让一个人表达自己的创意和想法。所有儿童都需要通过“编码”这种语言来理解技术并明智地与之互动。幼儿园教师需要熟悉编码背后的过程和思想。编码方面的入门经验可以帮助儿童用一种新的方式来解决问题、学习数学，以及获得新的语言技能。编码涉及一系列具有逻辑的和不连续的步骤，它的功能非常强大，通过它我们能够创建游戏、艺术品、机器人的动作等等，基本上包括一个人可以想象到的任何东西。编码还具有许多与书面语言一致的元素，比如它也是按顺序行进的，它也涉及问题解决、计划、因果关系等，对这些编码技能的了解能够强化阅读所需的相关技能。

如果想要学习更多有关编码的知识，那么Code.org®是一个非常棒的资源。Code.org是一个非营利性组织，该组织创建了同名网站Code.org，旨在为儿童提供更多学习计算机科学的机会。在学龄前熟悉编码可以确保年幼儿童有一个良好的基础，以利于他们日后更深入地了解技术。这还能确保他们将获得另一种表达自己的语言。

编码的基本前提是“如果（if），那么（then），否则（else）”的语句，这在编程中被称为“条件语句”。首先，教师可以将“如果”视为一项测试，将“那么”和“否则”视为应答，换种说法即真或假。用“如果”语句会评估这个测试，并仅在该语句为“真”时运行代码——例如，“纸杯蛋糕很好吃”，如果答案是“对”或“真”，也就是指向“那么”，因此代码就将运行。但是如果有人不喜欢纸杯蛋糕，那么这个语句的答案将是“错”或“假”，也就是指向“否则”，并触发“否则”这个条件下的代码。也就是说，对“纸杯蛋糕很好吃”的应答可以是真的，则触发“那么”，也可以是假的，则触发“否则”，但是两种结果不能同时出现。计算机程序就是这样通过发送询问看是否符合某个条件，然后根据应答来执行操作的。

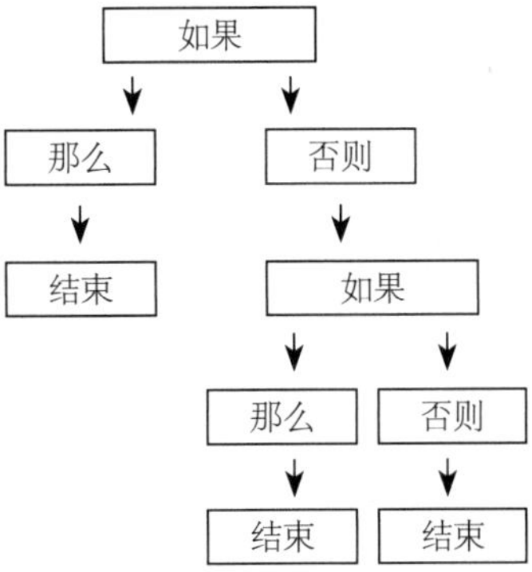

条件语句的一种图示

在规划涉及编码的活动时，教师可以参考美国国际教育技术协会（ISTE，2016）制定的美国《国家教育技术标准：学生标准》中的相关指导，该标准旨在指导如何在教学中使用技术。尽管这些标准是为指导 K–12 阶段（对应我国的学前班到高中）学生的学习活动而编写的，但是在向儿童介绍交互式媒体时，这些标准所依据的核心概念可以为早期技术教育提供有用的指导。特别是技术教育中的某些核心概念，如赋权学习者、知识建构者、创新设计者和计算思维者，尤其适用于早期教育中交互式媒体的使用。

技术中的核心概念

赋权学习者

● 在学习科学的指导下，儿童可以积极利用技术来选择、实现和展示学习目标。

知识建构者

● 儿童利用数字工具批判性地组织大量信息，为自己和他人建构知识，制作创造性的作品，并创造有意义的学习经验。

创新设计者

● 在设计过程中，儿童使用各种技术，通过开发创新且实用的或富有想象力的解决方案来确定和解决问题。

计算思维者

● 儿童充分利用技术手段来开发和测试解决方案，用这种方式来制定和选择理解和解决问题的策略。

来源：美国《国家教育技术标准》（*ISTE National Educational Technology Standards*）

有助理解的活动案例：有趣的“如果，那么”

一个阳光灿烂的夏日，波特老师正在向她班里五岁的孩子们介绍一个名为“如果，那么”的新游戏：“请记住我们在教室里所说的内容。我是程序员，而你们是我的电脑。程序员是做什么的?”杰西兴奋地回答：“告诉电脑该怎么做!”“对!”波特老师回应道，“好，电脑们，请面向我并确保你们可以听见我的声音。”等孩子们就位后，波特老师开始了游戏。波特老师说：“电脑们请听好，如果我跳了，你们也要跳。”她停顿了片刻，然后向上跳了一下。“电脑们”也跳了起来，但是她注意到其中一些“电脑”跳跃的次数超过了一下。“等等，等等，”她说，“看来我们某些电脑的程序出错了。我只跳了一下，但有些人跳了很多下。记住这个游戏是‘如果，那么’，也就是说电脑要按程序员所说的话运行。让我们再试一次!”她快速地向上跳了一下，而所有的“电脑”也都跳了一下。“太棒了!”波特老师欢呼道，“现在我的电脑们都可以正常运转了。”她又说了一个“如果”语句，然后转了一圈，她没有再说别的，但所有的“电脑”都转了一圈。游戏继续进行，每个孩子轮流扮演程序员，让“电脑”重复他选择的动作。

反思

正如这个简单游戏所演示的那样，无论是否使用技术设备，都可以让儿童了解编码。由于儿童是通过游戏和动作来学习的，将编码这类抽象的概念通过具体的游戏介绍给儿童，让他们在游戏中积极地运用他们的身体和思维是非常有益的。这个活动中包含了游戏、动作和选择权等关键要素，而轮流扮演拥有选择权的程序员将有助于让所有儿童都参与到学习关于世界的新想法和思考方式的活动中去。

将技术融入活动的小贴士

正如波特老师的游戏所演示的那样，年幼的儿童无需通过计算机或平板电脑，就可以开始学习计算机和计算机游戏的工作原理。全美幼教协会（NAEYC）和弗雷德·罗杰斯中心（Fred Rodgers Center）在2012年联合发布的立场声明《技术与交互式媒介作为工具应用于0–8岁的早期教养方案》中的建议值得参考。他们建议，与技术的互动应与每个儿童的身体、社会、情感、语言和认知水平相匹配，他们还建议年幼的儿童与技术和媒体的互动要游戏化，并能给予儿童创造性地探索和思考的机会。

用于引发探索技术的提问

- 你喜欢这款应用程序（手机或电脑程序）的什么？
- 在使用这款应用程序时，你遇到什么困难了吗？
- 你和朋友一起玩过这款应用程序吗？和别人一起玩会不会比较有趣？
- 你对什么最感兴趣？我们可以找一个游戏（手机或电脑程序）来帮助你了解更多与它相关的信息。

活动方案

与电脑有关的角色游戏

创造性技能

- 探索
- 寻找解决方案
- 视觉化
- 交流与合作

活动主题

儿童将通过角色游戏来探索计算机在各种不同环境中的使用方式。

活动目标

儿童将探索一些会用到计算机的工作环境，并研究不同的职业是如何使用计算机的。

活动材料

本活动所需的材料取决于教师所设置的角色游戏区的类型。以下是一些示例。

太空中心：

桌子和椅子，计算机和键盘（坏掉的或用纸盒制作的模型），耳机，夜空或太空的图片，纸，记号笔，铅笔，用一块大纸板做成指挥中心的样子。

办公室：

桌子和椅子，计算机和键盘（坏掉的或用纸盒制作的模型），纸，记号笔，铅笔，计算器，电话，收银机。

飞机场：

桌子和椅子，计算机和键盘（坏掉的或用纸盒制作的模型），纸，记号笔，铅笔，地球仪，小件行李，机票样票，电话，遥远目的地的图片。

邮局：

桌子和椅子，计算机和键盘（坏掉的或用纸盒制作的模型），纸，记号笔，铅笔，小纸箱（用于包装邮寄品），信封，计算器，收银机，扫描器。

活动概况

儿童将合作创建一个场景来探索如何使用计算机。

活动过程

1. 在设置角色游戏区之前，教师和儿童讨论他们对你计划设置的主题的了解。例如，他们是否知道太空中心是做什么的，他们认为在太空中心会发生什么。

2. 一起观看相关图片和视频，以进一步了解该空间中的工作以及人们在该空间是如何使用计算机的。例如，如果要设置一个太空中心，则可以讨论一下太空中心的人们是如何通过计算机与宇航员对话的，或者在邮局中如何利用计算机来跟踪包裹和信件。让儿童参与研究主题将有助于丰富他们的游戏。

3. 设置好区角后，请务必观察儿童是如何使用这些材料的，从而来确定是否需要添加或拿走一些材料，以继续支持他们的游戏和探索。

活动记录

当儿童研究角色区的主题时，记录下他们所问的问题以及他们从图片和视频中获得的信息。拍摄儿童游戏时的照片或视频，以记录他们的活动。

活动延伸

鼓励儿童想一想他们还在哪些地方看到过计算机，并围绕他们的想法设置新的角色游戏区。这将有助于儿童将园外经验和园内经验连接起来，并使他们能够充分利用自己的生活经验。

编码游戏

活动主题

儿童将通过一系列由简到难的游戏来学习“如果，那么，否则”的条件语句。

创造性技能

- 探索
- 独特的问题解决能力

活动目标

儿童将参加一系列越来越复杂的“如果，那么，否则”编码游戏。

活动材料

准备一台数码相机来记录儿童的游戏。

活动概况

教师要和儿童谈论计算机程序员的工作以及计算机、游戏和应用程序是如何运行的。通常，年幼的孩子会把电脑游戏当成电影或电视，因此我们有必要让他们知道游戏是交互式的，游戏能够响应他们的操作。教师可以使用简单的术语和儿童谈论：计算机程序员会编写一系列代码（一种特殊的计算机语言），这样当你点击某些内容或按下某个字母或按钮时，代码就会控制接下来发生什么。

活动过程

游戏 1：如果，那么（“有样学样”）

1. 以集体活动的形式开展游戏。选择一名儿童扮演计算机程序员，其余儿童则扮演电脑，他们将简单地观看和重复动作。

2. 首先，“程序员”触摸自己的鼻子，“电脑们”也触摸自己的鼻子。提醒儿童要完全重复“程序员”所演示的动作，并在“程序员”停止时停止。

3. 让“程序员”继续示范动作，并可以在做动作时喊“如果”，而“电脑们”在重复动作时回应“那么”。确保每名儿童都有机会当程序员和电脑。

游戏 2：如果，那么（不同动作）

1. 以集体活动的形式开展游戏。选择一名儿童作为计算机程序员，其余儿童则扮演电脑。

2. 在这一轮游戏中，儿童将进行更复杂的活动：“电脑”需要做与“程序员”不同的动作，例如，“程序员”跳起来，“电脑们”却要向后走。

3. 在刚开始游戏时，规则要尽可能地简单，让“程序员”仅选择一个动作或反应的序列。当儿童对游戏熟悉后，每个“程序员”都可以选择两个或更多序列，儿童必须将这些序列保存在他们的记忆中。例如：“如果程序员跳起来，那么电脑就向后倒退并触摸自己的鼻子，然后做开合跳。”

活动记录

拍摄儿童游戏时的照片或视频，并对反映他们不断增强的理解能力和遵循游戏规则的行为进行记录。

活动延伸

随着儿童游戏经验的丰富，教师可以引入“如果，那么，否则”的游戏，即“程序员”要设置两种应答选项，例如，如果“程序员”触摸自己的脚尖，“电脑们”或者旋转（那么）或者拍手（否则）。

适合幼儿的编码应用程序

活动主题

- 探索自助式的应用程序（app）。
- 赋权学习者，知识建构者，计算思维者。

创造性技能

- 探索
- 寻找解决方案

活动目标

儿童将选择一个旨在促进人与编码进行创造性互动的应用程序，并与之互动。

活动材料

1. 供儿童使用的具有某些创意应用程序的平板电脑。
2. 免费的创意应用程序如下所示。

- Kodable（SurfScore 公司出品）。建议年龄：四岁以上。这个应用程序的目的是教儿童学习编码，它支持前阅读期的儿童使用。儿童可以在游戏过程中学习如何使用指令来让小球穿过迷宫。

- Daisy the Dinosaur（Hopscotch Technologies 出品）。建议年龄：四岁以上。这个应用程序有一个简单的拖放界面，学龄前儿童可以用它来移动恐龙。这个应用程序对编码进行了有趣的介绍。

- Scratch Jr.（Scratch Foundation 出品）。建议年龄：四岁以上。该应用程序让儿童将虚拟的程序模块拼合在一起，以使角色移动、跳跃、跳舞和唱歌。该程序提倡一种新颖的编码方法。

- Cargo-Bot（Two Lives Left 出品）。建议年龄：四岁以上。该应用程序通过一个操纵机器人移动箱子的益智游戏来讲授编码的基础知识。解谜概念的引入和有趣的图像对儿童很有吸引力。

活动概况

本活动最好以两两合作的形式进行，以促进儿童在游戏中进行合作和交流。

活动过程

1. 如果这是儿童第一次使用所选择的应用程序，那么最好在集体活动时间简要地介绍该应用程序及其各种功能，以便孩子们了解它的玩法。

2. 请在技术区活动的儿童选用一个应用程序。诸如“当你……时发生了什么？”“你知道怎么使它……吗？”“当你……时，为什么它……了？”之类的提问将有助于提高他们行动的目的性。

3. 记录是所有数字化游戏的一个重要组成部分，因此教师可以请儿童在集体活动时间与全班分享编码经验。对编码特别感兴趣的儿童也可以帮忙向其他儿童解释该应用程序。

活动记录

对儿童探索过程中那些反映他们计划、解决问题和合作能力的行为进行轶事记录。

活动延伸

可以将应用程序探索区作为教室中固定的活动区角。

相关儿童读物

Liukas, Linda. 2015. *Hello Ruby: Adventures in Coding.* New York: Feiwel and Friends.

这本书讲述了鲁比和她的小伙伴们致力于解决问题的冒险经历。通过鲁比解决问题的方法，向读者介绍了计算机思维的基础——将大问题分解为一系列小问题、创建详细的计划并寻找模型。

Liukas, Linda. 2017. *Hello Ruby: Journey Inside the Computer.* New York: Feiwel and Friends.

作为上一本图画书的续篇，这本书讲述了鲁比在父亲的计算机内部的一次旅行，向读者介绍了计算机的基本要素，并通过有趣的活动挑战儿童，以使学习继续进行。

Stanley, Diane. 2016. *Ada Lovelace, Poet of Science: The First Computer Programmer.* New York: Simon and Schuster.

儿童会对阿达 · 洛芙莱斯的传记故事非常感兴趣，她出生在计算机时代之前的 200 年左右，并且以开发了第一个代码而闻名。这本书中优美的文字和插图吸引着儿童去更多地了解阿达，了解她从一个富有想象力的孩子成长为一个擅于解决问题的科学家和数学家的故事。

第5章 技术：交流与合作

在学前阶段，儿童正在建立对世界方方面面的理解，其中包括数字媒体和技术。技术可以成为儿童探索知识性学科的重要补充。就像用蜡笔和记号笔来创造和表达想法一样，数码相机、手机应用程序、电脑程序和数字技术也可以用来支持和拓展儿童对语言和读写能力、数学、艺术与科学的探索。

在2012年的联合立场声明《技术与交互式媒介作为工具应用于0–8岁的早期教养方案》中，全美幼教协会和弗雷德·罗杰斯中心建议早期技术活动应该是主动的、亲身实践的、有趣的以及赋权的。对数字技术的使用也应该成为众多支持儿童学习新内容和新技能的选择之一。儿童是否能够主动地参与活动是在教学中使用数字技术的重要考虑，而被动的或非交互的技术（如电视、DVD）是不被推荐用于早期教育的，因为使用这种技术不需要动手和动脑。

通过交互式媒介了解沟通与合作的过程

当我们听到“技术”一词时，我们常常会想到我们在日常生活中使用的某些设备或小工具。但技术并不仅仅是某个可以帮助我们在城市中导航，或者帮助我们记录和分析全天活动情况的小工具。技术激发我们的创造力，使我们以新的方式发现或解决问题，并进行探索。教师在为儿童示范如何适当地和有目的地使用技术方面发挥着重要作用，而要做到这一点，需要教师在向儿童介绍技术之前，具备使用这些技术工具的背景知识和经验。本章分享了有关儿童与交互式媒介互动的教学案例、活动方案和相关资源。交互式媒介包括软件程序、手机应用程序、电子书、数码相机和摄像机之类的技术，以及一些流媒体形式的内容，它们可以鼓励儿童合作和积极主动地参与。儿童与交互式媒介的互动应该反映他们生活中其他类型的日常经验，包括游戏化学习、合作学习、持续的探索以及记录和分享自己的理解的机会。

下列问题可用于指导教师在学前教室中使用交互式媒介。

- 如何在教室中使用这种交互式媒介？
- 该交互式媒介是否有一个明确的目的？能否将其用于一般性的探索活动？
- 儿童可以独立或在成人最低限度的帮助下操作这个交互式媒介吗？
- 该交互式媒介让儿童做的是否是他们熟悉的事情，或是否允许儿童用新颖的方式去做？
- 该交互式媒介是否为儿童创造了新的和不同的学习经验？
- 该交互式媒介是否促进了儿童的游戏和互动？

初次使用某交互式媒介后的反思：

- 儿童是如何使用该交互式媒介的？这种使用方式与原始意图的匹配程度如何？

- 儿童在使用过程中是否遇到了挑战？他们是如何克服这些挑战的？
- 儿童对该交互式媒介的兴趣是否持续了一段时间？他们在初次使用该媒介后有没有主动要求再次使用？

在计划引入交互式媒介时，请仔细考虑教室各学习区位置的安排。当前的研究表明，合作使用技术对儿童的学习和发展具有重要的意义。在规划探索交互式媒介的空间时，请为儿童提供可以合作完成任务的空间，以便他们可以一起交流、分享和探索。

在规划涉及编码的活动时，可以参考美国国际教育技术协会为学生制定的标准（ISTE，2016）中的相关指导，该标准旨在指导如何在教学中使用技术。尽管这些标准是为指导 K-12 阶段（对应我国的学前班到高中）学生的学习活动编写的，但是在向儿童介绍交互式媒介时，这些标准所依据的核心概念可以为早期技术教育提供有用的指导。某些核心概念，如沟通与合作、创意沟通者和全球合作者等，尤其适用于早期教育中交互式媒介的使用。

技术中的核心概念

沟通与合作

- 儿童通过数字媒体和环境来相互沟通和协作（包括远程协作），以支持自己的学习活动，同时为他人的学习做出贡献。

创意沟通者

- 儿童选择适合其目标的技术平台、数字工具、风格、格式和数字媒介，针对各种目的进行清晰地沟通，并富有创意地表达观点。

全球合作者

- 儿童通过运用数字工具与国内外团队有效合作，来开阔视野、丰富自己的学习。

来源：美国《国家教育技术标准》（*ISTE National Educational Technology Standards*）

有助于理解的活动案例：春天的郁金香

巴恩斯老师的学生们急切地围在教室外面的小花园周围，查看他们今年早些时候种下的“红色帝王”郁金香鳞茎是否发芽了。巴恩斯老师和她的学生们参加了一个横跨北半球的项目，这个项目的目的是用科学的方式追踪春天的出现。该项目在Journey North网站上有呈现，称为“郁金香实验花园”。初秋，老师和孩子们根据该项目的指导，在教室外面的一个小花园里种植了10颗“红色帝王”郁金香的鳞茎。该项目要求儿童对郁金香进行仔细观察并记录在“郁金香项目”的记录单上，然后将数据上传到Journey North网站，以便所有地区的学生和班级探索、对比气候和地理位置与春天到来时间之间的关系。

孩子们惊喜地发现，一些郁金香的绿色叶子已经从土壤中钻出来了。“孩子们，让我们来数一下今天看到了多少郁金香吧。”

<table>
<tr><th colspan="2">郁金香项目</th></tr>
<tr><td colspan="2">______棵郁金香在地下。
______棵郁金香已经长出来了！
它们有多高？____________________
它们是什么颜色的？____________________</td></tr>
<tr><td>我观察到的：</td><td>我觉得下次我会看到：</td></tr>
</table>

巴恩斯老师俯身指着一束束绿叶说道。“1、2、3、4。”孩子们和巴恩斯老师一起数道。“哇，我们可以看到4棵郁金香长出了叶子。你需要在记录单上写些什么呢？今天有几棵郁金香长出来了？”

在孩子们填写记录单时，巴恩斯老师请他们画出观察到的郁金香。巴伦被选来测量郁金香的高度，以作进一步记录。他弯下腰来测量最高的郁金香，孩子们则仔细地看着他将一把尺子放在植株旁边。目前，最高的郁金香有7.5厘米高，孩子们在科学记录本上仔细地记录了这个数字。在回教室之前，巴恩斯老师要求孩子们猜一猜他们下周再来观察时会看到什么，他们会看到多少棵郁金香长出来。她让孩子们画出他们的猜想。回到教室后，巴恩斯老师和学生们一起，在Journey North网站上记录了当天的观察结果。每个参与项目的班级在Journey North网站的地图上都有代表自己班的小圆点，孩子们兴奋地看到代表他们的圆点颜色变了，这表明春天已经来到了他们的身边。巴恩斯老师打印出几份Journey North上的地图，她把地图与一些郁金香鳞茎、放大镜和孩子们的科学记录本一起放置在科学区角，以供他们进一步探索。

花园里盛开的郁金香

反思

孩子们监测郁金香的生长时，也是在探索气候和地理位置是如何影响他们的花园的。他们在Journey North网站上将自己的郁金香与其他地区郁金香的生长情况进行比较，能够使他们进一步了解可能影响植物生长速度（减慢或加速）的变量。

活动方案

用应用程序进行创造性探索

活动主题

探索自助式应用程序。

创造性技能

- 探索
- 寻找解决方案

活动目标

儿童将选择并操作一个旨在促进创造性探索的应用程序。

活动材料

1. 供儿童使用的加载了应用程序的平板电脑。
2. 免费的创意应用程序如下所示。

- 画一画，说一说（Duck Duck Moose 出品）。建议年龄：学龄前及以上。该应用程序让儿童选择不同的背景、角色和物体来创建画面。儿童还可以一边操纵画面中的人物一边记录故事。
- 宝宝涂鸦（Bejoy Mobile 出品）。建议年龄：学龄前及以上。这个应用程序可以让儿童从二十多种不同的笔刷样式中进行选择，如彩虹笔刷、蜡笔刷和油画笔刷。儿童完成绘画作品后，可以使用视频模式来回放自己作画的步骤，从而了解作品的创作过程。
- MoMA 艺术实验室（美国现代艺术博物馆出品）。建议年龄：学龄前及以上（学龄前儿童更能从绘画和创作类应用程序中获益）。该应用程序让儿童在与颜色、形状和线条游戏的过程中创作艺术品。该程序还能让孩子们创建声音作品和组图，并了解美国现代艺术博物馆收藏的艺术品和相关的艺术家，但儿童使用这些功能时需要成人的指导。

- 魔术钢琴（Smule 出品）。建议年龄：学龄前及以上。该应用程序鼓励儿童用手指敲击键盘来演奏经典和流行歌曲，从而创作属于自己版本的音乐。

- 绘图板：绘画、涂鸦和素描（4 Axis Solutions 出品）。建议年龄：学龄前及以上。该应用程序具有四种游戏模式：儿童画桌、涂鸦画桌、素描画桌和照片画桌。儿童画桌模式最适合年幼儿童，因为在这种模式中儿童可以用各种图章、笔刷、模板和贴纸来进行创作。有拍照经验的儿童可以使用照片画桌来编辑和处理他们拍摄的数码照片。

活动概况

儿童将两两合作，以促使他们在使用应用程序时相互协作和交流。

活动过程

1. 如果这是儿童第一次使用该应用程序，那么最好在集体活动时简要地介绍该应用程序及其各种功能，以便儿童了解它可以做什么。请在技术区活动的儿童选用一个应用程序，教师可以通过提问来帮助他们明确探索的意图，如：“你为什么决定使用这种画笔呢？”“你知道……是做什么的吗？”“它能帮你做什么？”

2. 记录是所有数字化游戏的一个重要组成部分，因此请儿童从他们的作品中选择一两张图片，与全班分享或放在他们的作品集中。

活动记录

对探索过程中那些反映儿童计划、解决问题和合作能力的行为进行轶事记录。儿童的图画作品也可以作为记录。

活动延伸

可以将应用程序探索区作为教室中固定的活动区。

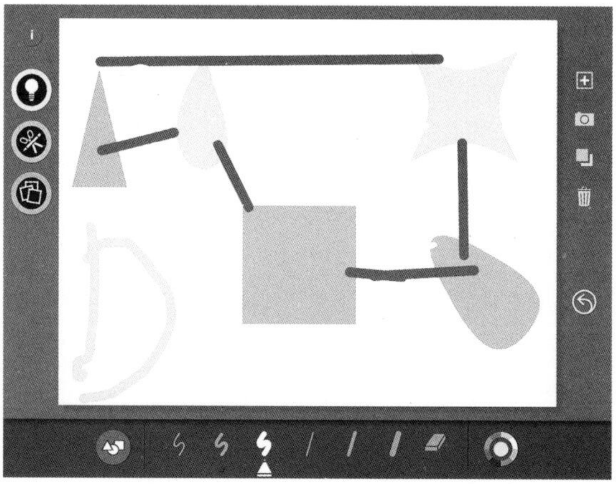

儿童用 MoMA 艺术实验室程序创作的作品

小小维修工

活动主题

探索废旧技术设备的外部和内部结构。

创造性技能

- 探索
- 视觉化
- 寻找解决方案
- 合作
- 记录

活动目标

儿童将拆解废旧的技术设备，以探索组成设备的众多组件。

活动材料

废旧的技术设备（遥控器、照相机、电话、键盘、电脑、小型厨房电器等），手动工具（各种螺丝刀、钳子），塑料或纸质托盘，素描纸和铅笔。

活动概况

本活动涉及一些小零件和工具的使用，教师务必请儿童谨慎使用，并在整个活动过程中密切监督儿童。本活动最好以两两合作的方式开展，以便儿童有足够的机会获取所需的材料，并且能与同伴合作，因为在拧下螺丝的时候，通常需要有人帮忙固定住物体。

活动过程

1. 在向儿童介绍维修站之前，教师需要拆下这些设备的外壳或拧松螺丝钉、螺母或螺栓，以使儿童更轻松地进行“维修”，如果他们是使用工具的新手，这一步将非常有必要。注意移除所有电池（包括纽扣电池）或其他有危险的组件。

2. 请儿童两人一组来拆解设备。指导他们将所有拆下的零件放入托盘中。

3. 儿童在操作时，引导他们思考设备中的某个部分的用途会对他们的探索有所帮助。如：“你认为电话的那个部分有什么作用?”“你为什么这么认为?”这些类似的问题能够鼓励他们去观察和研究这些部件。

4. 请儿童画出设备的内部结构示意图。这些示意图可以用于延伸活动中，还可以作为儿童学习经验的记录。

活动记录

对探索过程中反映儿童解决问题和合作能力的行为进行轶事记录。儿童画的示意图也可以作为记录。

活动延伸

当儿童将设备拆解之后，就可以进入建构阶段——他们可以用拆解下来的组件重新建构一个物品，而他们在拆解活动中绘制内部结构示意图的经验将有助于他们绘制建构物的设计图。

在哪里？

创造性技能

- 探索
- 视觉化
- 合作
- 交流
- 记录

活动主题

使用数字媒介来进行远程沟通和协作。

活动目标

儿童将通过数字媒介"跟随"一名同伴或教师旅行，在地图上标识他的位置，并对他的位置进行持续追踪。

活动材料

安装了电子地图（如谷歌地图）和虚拟地球软件（如谷歌地球）的平板电脑，素描纸和铅笔，打印一份你所在省份、国家的地图或世界地图。

活动概况

该活动将在教师的指导下以集体活动的形式开展，以便儿童可以一起使用材料，使儿童在键入位置信息时获得帮助。活动开始之前，教师需要安排一个正在旅行的同事或学生的家人，每天分享一下他的位置，最好能同时分享他每天拍摄的旅途照片，这将有助于儿童开展活动。

活动过程

1. 通过与儿童谈论地图以及他们以前使用地图的经验来开启这项集体活动。

2. 提醒儿童目前有同学或老师正在旅行，而他们将通过在地图上找到旅行者的位置来跟进他的旅行。每天用电子地图来勘察旅行者当天所在的位置，并请一名儿童在打印出来的地图上标记该位置。

3. 请儿童用素描纸和铅笔来画一幅他们自己的地图，或者请他们绘制出他们在虚拟地球软件上看到的该位置的图片。

4. 确保每天用电子地图定位学校的位置，以使儿童明确他们自己所在的位置。

活动记录

标示了位置的地图可以作为一种记录，因此请确保将地图悬挂在适合儿童观看的高度上。

活动延伸

邀请旅行者在旅行结束后来到教室，以分享更多有关这次旅行的信息，并让儿童分享他们的地图和绘画作品。

虚拟参观

创造性技能

- 探索
- 合作
- 交流

活动主题

通过数字媒体来探索世界各地的非正式学习环境。

活动目标

儿童将通过互联网来虚拟地探索某个博物馆或动物园。

活动材料

供儿童使用的平板电脑（连接上网络）。

可访问的网站

- 美国波士顿儿童博物馆
- 美国菲尔德自然历史博物馆
- 美国蒙特雷湾水族馆
- 美国现代艺术博物馆
- 美国国家美术馆

- 美国史密森尼国家自然历史博物馆
- 美国亚特兰大动物园

活动概况

活动初期最好以集体活动的形式进行，以便儿童学习如何查看网站并点击开启虚拟参观。当儿童有了一定的经验后，教师可以选定一个网站供他们探索，并让他们结对探索。教师要提前浏览将要供儿童使用的网站，确保其内容适合儿童。

活动过程

1. 询问儿童是否去过博物馆或动物园，参观过程中令他们印象最深刻的经历是什么，他们去的博物馆或动物园是在当地还是在很远的地方。告诉他们，许多博物馆和动物园都有网站，他们可以在不离开教室的情况下进行虚拟参观。

2. 选择一个网站，然后花时间与儿童一起进行虚拟参观。一定要像在实地参观中那样不时停下来观看并提出问题。

- 你觉得这个物体怎么样？你认为它是大还是小？
- 这幅画中有哪些颜色？
- 你认为这只熊猫几岁？你为什么这么认为？

3. 当儿童开始结对探索后，不时和他们交流体验。可以请他们向全班汇报他们的虚拟参观经历，还可以分享一两张他们觉得有趣的图像。

活动记录

对在虚拟参观中反映儿童探索、解决问题和合作能力的行为进行轶事记录。

活动延伸

最好将虚拟参观的内容与教室中的其他探索活动相结合。例如，对美国航空博物馆藏品的虚拟参观可以用来补充与运输或太空有关的其他课程。

合作讲故事

创造性技能

- 探索
- 交流与合作
- 记录

活动主题

使用技术手段来辅助集体合作讲故事。

活动目标

儿童将使用数字媒体进行交流和合作，并通过语言和视觉表达自己。

活动材料

1. 免费的在线程序，如：Prezi，一个基于云计算的程序；Animoto，一个在线视频创作程序；Kizoa，一个可以在线制作幻灯片、视频和动画拼贴的程序。

注意：为了保护教室和儿童的信息，请使用密码保护或进行隐私设置以确保信息安全。

2. 可以供儿童使用的活动照片的电子版。

活动概况

在集体活动时间向儿童介绍集体合作讲故事的活动内容。

活动过程

1. 告诉儿童他们将共同创作一个故事。如果这是第一次进行这样的活动，那么最好从一个儿童都熟悉的故事入手，并随着活动的推进对其进行修改。可以用与儿童近期活动，如实地考察、主题活动或联欢会等有关的故事作为起点，因为它涉及孩子们共享的经验，所有的儿童都能参与讲述。

2. 选定故事情节后，向儿童介绍教师选择在这个活动中使用的应用程序。

3. 与全班分享照片，并请儿童回忆照片中的活动。选择一张照片作为故事的开端，请儿童开始讲述，同时教师在程序中键入故事文本。

4. 让儿童两人一组来选择一张照片并键入相应的文本。教师可以在文字拼写方面提供支持，但要鼓励他们轮流打字并将照片拖到适当的位置。

5. 故事讲完后，将故事分享给儿童的家人。

活动记录

对反映儿童合作、解决问题和视觉化能力的行为进行轶事记录。儿童讲述的故事也是一种对他们的理解和想法的记录。

活动延伸

儿童获得了使用照片和文字来记录自己经历或故事的初步经验后，可以让他们开始记录在园的活动。鼓励儿童创建自己的文档页面，并放入他们的档案袋中，这将有助于他们与他人交流自己的观点，也可以用视频的方式记录儿童合作讲述的故事。

相关儿童读物

Dyckman, Ame. 2012. *Boy + Bot.* New York: Knopf Books for Young Readers.

这本书讲述了一个男孩偶然遇到了一个机器人，并和这个机器人一起冒险的故事。这本书将帮助儿童了解如何与“技术”进行互动交流，即使他们并不了解对方。

Fliess, Sue. 2013. *Robots, Robots Everywhere!* New York: Golden Books.

从遥远的太空到我们身边都可以找到各种各样的机器人。这本书让儿童在遥远的地方和他们每天生活的空间之间建立联系，能够激发他们的想象力。

Tougas, Chris. 2012. *Mechanimals*. Victoria, BC: Orca.

这本书讲述了一个振奋人心的故事：一场龙卷风将农场上的动物都卷走了，只留下了一堆机器零件，于是农夫开始用这些零件制造机器动物来帮助自己。这个故事强调了问题解决和机智的重要性，能够鼓励儿童思考如何利用技术来帮助自己。

图书在版编目（CIP）数据

儿童早期工程技术教育中的创造性探究 /（美）安吉拉·埃克霍夫著；陈柯汀译. -- 南京：江苏凤凰教育出版社，2020.12

（STEAM 核心概念与创造性探究）

ISBN 978-7-5499-9128-0

Ⅰ. ①儿… Ⅱ. ①安… ②陈… Ⅲ. ①工程技术－教学研究－学前教育 Ⅳ. ① G613

中国版本图书馆 CIP 数据核字 (2020) 第 268440 号

丛书名	STEAM 核心概念与创造性探究
书名	儿童早期工程技术教育中的创造性探究
丛书主编	全人教育
作者	【美】安吉拉·埃克霍夫（Angela Eckhoff）
译者	陈柯汀
出版统筹	刘　煜　张一聪
责任编辑	韩宇新
出版发行	江苏凤凰教育出版社（南京市湖南路 1 号 A 楼　邮编 210009）
印刷	苏州望电印刷有限公司
厂址	苏州市相城区望亭镇问渡路 27 号（邮编 215155）
开本	787 mm × 1092 mm　1/16
印张	6
版次	2020 年 12 月第 1 版
印次	2020 年 12 月第 1 次印刷
书号	978-7-5499-9128-0
定价	30.00 元
传真	025-86551305
客服电话	025-58351159
盗版举报	025-58351159　025-83658579

本书如有印刷、装订等质量问题，请与印刷厂联系调换，电话：0512-66700301
提供盗版线索者给予重奖